Teorias da Administração

Curso Compacto
Manual Prático para Estudantes & Gerentes Profissionais

João Pinheiro de Barros Neto

Teorias da Administração

Curso Compacto
Manual Prático para Estudantes & Gerentes Profissionais

QUALITYMARK

Copyright© 2002 by João Pinheiro de Barros Neto

Todos os direitos desta edição reservados à Qualitymark Editora Ltda.
É proibida a duplicação ou reprodução deste volume, ou parte do mesmo,
sob qualquer meio, sem autorização expressa da Editora.

Direção Editorial SAIDUL RAHMAN MAHOMED editor@qualitymark.com.br	Produção Editorial EQUIPE QUALITYMARK
Capa WILSON COTRIM	Editoração Eletrônica UNIONTASK
1ª Edição 2002	1ª Reimpressão 2006

CIP-Brasil. Catalogação-na-fonte
Sindicato Nacional dos Editores de Livros, RJ

B278t

    Barros Neto, João Pinheiro de
        Teorias de Administração: curso compacto: manual prático para estudantes &
gerentes profissionais / João Pinheiro de Barros Neto — Rio de Janeiro : Qualitymark,
Ed., 2001.
        168p.

    Inclui bibliografia
    ISBN 85-7303-326-6

    1. Administração. 2. Gerência. I. Título.

01-1711.   CDD 658
                                                                                                        CDU 65

2006
IMPRESSO NO BRASIL

Qualitymark Editora Ltda.
Rua Teixeira Júnior, 441
São Cristóvão
20921-400 – Rio de Janeiro – RJ
Tel.: (0XX21) 3094-8400

Fax: (0XX21) 3094-8424
www.qualitymark.com.br
E-Mail: quality@qualitymark.com.br
QualityPhone: 0800-263311

Prefácio

Escrever apenas para administradores ou futuros administradores não é tarefa das mais simples. Entretanto, a tarefa tornou-se ainda mais complexa, pois minha pretensão é atingir um público ainda maior: os graduandos de cursos afins, como Economia e Ciências Contábeis, além de todo aquele profissional que no seu dia-a-dia assume, muitas vezes involuntariamente, o papel de gerente, quer formal ou informalmente, mesmo que seja para resolver um conflito numa reunião de condomínio.

Pode parecer até que o objetivo proposto torne o livro muito superficial, o que não é verdade. O leitor, quer seja profissional de Administração, ou apenas um diletante, encontrará uma visão bem completa das Teorias e Técnicas Administrativas. Por ser dirigido a um público amplo, a linguagem não é hermética, pelo contrário prima pela clareza e objetividade.

Mas por que escrever para profissionais e não-profissionais da área? Simples. Nós administradores estamos em constante interação com todos os demais profissionais e respectivas áreas do conhecimento. Aliás, acho que não existe outra ciência que faça uso constante de tantas outras ciências diversas como a Administração. Por isso, o livro é útil, logo de início, para estabelecer uma linguagem comum entre administradores e "clientes da Administração", entendidos como qualquer pessoa que precise alcançar um objetivo organizacional e não seja um administrador de empresas regularmente habilitado.

Meus colegas de profissão não devem se assustar, não estou dizendo que qualquer um pode Administrar, pelo contrário, sou um fervoroso defensor da lei que nos ampara: 4769/65. O que quero dizer, sem nenhum preconceito, é que a necessidade de administrar está presente em todos os momentos da vida de qualquer pessoa e, se ela tiver um pouco mais de conhecimento teórico, com certeza poderá alcançar melhores resultados.

A complexidade dos problemas organizacionais é extremamente diversificada e muitas vezes faz-se necessário perder um valioso tempo explicando conceitos básicos e triviais de Administração para aqueles que vão tomar a decisão: acionistas, proprietários, empreendedores etc. Se todos tiverem uma linguagem administrativo-organizacional comum, o mais escasso dos recursos, o tempo, será poupado. É até um motivo de segurança para quem contrata um administrador profissional, saber as noções básicas de Administração.

Mas que ninguém se engane: administrar é para profissionais. Palpites todos podem dar, aliás, depois da leitura deste livro, tais palpites até se tornarão mais consistentes para os leigos. No entanto, permitam-me um exemplo: se um médico sai de casa de manhã e seu carro pifa no meio do caminho, sua primeira tentativa é fazer o carro pegar tentando o mais simples: insistir na ignição, sob pena de aumentar o risco a prejuízos maiores. Se ele tem algum conhecimento de mecânica, quer tenha aprendido com alguém que tenha feito um curso ou lido um livro, com certeza ele irá implementar ações mais complexas: verificar o cabo da bateria, olhar o motor de partida, checar as mangueiras de alimentação do combustível etc. Se isto não resolver, é lógico que ele irá procurar o profissional da área: o mecânico especializado. Não percamos de vista que quanto mais caro e mais querido o veículo, mais rápido será procurado um mecânico profissional. Ou seja, o profissional especializado adquire um valor diretamente proporcional ao valor envolvido no problema.

E no caso de uma empresa ou organização, os prejuízos de não recorrer a um profissional especializado são incalculáveis, não só para os proprietários, mas para a sociedade como um todo, aí incluídos principalmente funcionários, clientes externos, fornecedores, acionistas, comunidade local etc.

Então, se refletirmos apenas um pouco, antes de qualquer decisão organizacional, veremos que não há espaço para palpites, "achismo" ou o velho e tradicional "jeitinho". Faz-se necessário realmente profissionalizar a administração para se garantir o sucesso das organizações do século que começou agora. Lembremo-nos que o primeiro passo é sempre o mais importante, é ele que marca o ritmo da caminhada, portanto, esse é o passo que não pode ir na direção errada.

Naturalmente, todos que fazem parte de uma organização, quer direta ou indiretamente, quer seja uma grande organização ou mesmo uma empresa unipessoal, é responsável em algum grau pelo sucesso organizacional, que depende em muito da qualidade das decisões tomadas, por mais simples que elas sejam, em todos os níveis. Uma faxineira, que decide qual banheiro limpar em primeiro lugar, está no limite, tomando uma decisão única e sem retorno: imagine se chega um cliente importante e resolve utilizar justamente o banheiro que foi escolhido por último para ser limpo... o sucesso da negociação de um novo contrato, neste momento, já pode ter ido pelo ralo e nem chegar perto da mesa de negociação, especialmente se estivermos tratando de um negócio que prima pela limpeza (alimentos, por exemplo).

Então não perca tempo, quer você seja um estudante de Administração, um administrador profissional regularmente habilitado pelos Conselhos Federal e Regional ou um Gerente Contingencial, comece a leitura o mais rápido possível, pois não há mais tempo a perder, o novo século começou e as oportunidades já estão aí, basta usar as lentes certas para vê-las.

O Autor

Sumário

Introdução... XV

Capítulo 1 — Administração no Brasil............................. 1
   1.1. As Primeiras Escolas de Administração...................... 1
   1.2. Cursos de Administração no Brasil 3
   1.3. A Profissão de Administrador 5
   1.4. Símbolos da Profissão 6
   1.5. O Exercício da Profissão.................................. 7
   1.6. O Juramento do Administrador 8

Capítulo 2 — Bases Históricas.................................. 9
   2.1. Administração como um Processo Histórico 9
   2.2. Contribuições Diversas 11
      2.2.1. Os Filósofos... 12
      2.2.2. A Igreja Católica e as Organizações Militares 12
      2.2.3. Os Economistas...................................... 13
      2.2.4. Os Empreendedores................................... 13
   2.3. A Revolução Industrial 14
   2.4. A Gerência Primitiva e os Precursores da Administração 16
   2.5. Administração Pública no Brasil........................... 18

Capítulo 3 — Teoria e Perspectivas da Administração 21
   3.1. A Teoria Geral da Administração.......................... 21

3.2. O Estágio Atual da Teoria Geral da Administração 22
3.3. As Variáveis da Teoria Geral da Administração 24
3.4. A Responsabilidade Social da Teoria Geral da Administração 25

Capítulo 4 — Administração Científica 29
    4.1. Frederick Winslow Taylor 29
    4.2. Os Princípios da Administração Científica 30
    4.3. A Organização Racional do Trabalho 31
    4.4. O Estudo da Fadiga 32
    4.5. A Divisão e Especialização do Trabalho 32
    4.6. *O Homo Economicus* 33
    4.7. Fordismo 34
    4.8. Conclusões 35

Capítulo 5 — A Burocracia 37
    5.1. Max Weber 37
    5.2. Características da Burocracia 38
    5.3. Os Excessos Burocráticos 40
    5.4. Conclusões 41

Capítulo 6 — Abordagem Clássica 45
    6.1. Henri Fayol 45
    6.2. As Funções Básicas da Empresa 46
    6.3. As Funções Administrativas 47
    6.4. Princípios Gerais de Administração 48
    6.5. A Cadeia de Comando e a Coordenação 50
    6.6. Outros Autores 51
    6.7. Conclusões 52

Capítulo 7 — Relações Humanas 53
    7.1. Humanismo na Administração 53
    7.2. A Experiência de Hawthorne 53
    7.3. O Comportamento Humano 57
    7.4. A Organização Informal 58
    7.5. Conclusões 59

Capítulo 8 — Liderança, Comunicação e Conflitos 61
    8.1. Conseqüências do Humanismo na Administração 61
    8.2. Liderança 62

8.3. Comunicação... 64
8.4. Conflitos... 66
8.5. Conclusões.. 67

Capítulo 9 — Abordagem Organizacional 69
9.1. A Teoria Estruturalista..................................... 69
9.2. Organizações.. 70
9.3. Tipos de Organizações..................................... 71
9.4. Relações Interorganizacionais e Ambiente 73
9.5. Organopatias.. 74
9.6. Conclusões.. 75

Capítulo 10 — Abordagem Sistêmica 77
10.1. A Teoria dos Sistemas.................................... 77
10.2. Sistemas Organizacionais 80
10.3. A Gestão da Informação.................................. 81
10.4. Conclusões... 84

Capítulo 11 — Abordagem Sociotécnica 85
11.1. Sistema Sociotécnico..................................... 85
11.2. O Subsistema Social: Clima e Cultura 86
11.3. Planejamento... 87
11.4. Direção... 89
11.5. Tomada de Direção....................................... 89
11.6. Poder e Autoridade 92
11.7. Conclusões... 93

Capítulo 12 — Abordagem Neoclássica............................ 95
12.1. O Novo Classicismo...................................... 95
12.2. Desempenho Organizacional 96
12.3. Controle e Coordenação.................................. 97
12.4. Organização 98
12.5. Departamentalização..................................... 100
12.6. Conclusões... 103

Capítulo 13 — Abordagem Comportamental 105
13.1. Behaviorismo 105
13.2. O Comportamento Humano na Organização................ 106
13.3. Teoria da Hierarquia das Necessidades de Maslow.......... 106

13.4. Teoria dos Dois Fatores 107
13.5. Teoria X & Y de McGregor e a Teoria Z de Ouchi 108
13.6. Teoria dos Motivos Humanos............................. 109
13.7. Teoria do Reforço 109
13.8. Teoria da Expectativa..................................... 110
13.9. Teoria da Eqüidade....................................... 110
13.10. Sistemas de Administração 111
13.11. Conclusões.. 112

Capítulo 14 — Abordagem Contingencial 113
14.1. Contingencialismo 113
14.2. A Teoria da Contingência na Administração 114
14.3. O Ambiente Organizacional 116
14.4. Estratégias Organizacionais 117
14.5. Conclusões... 118

Capítulo 15 — Organizações de Aprendizagem..................... 121
15.1. Conhecimento e Aprendizagem Organizacional 121
15.2. Processos Organizacionais 122
15.3. As Funções Administrativas Frente às Novas Tendências 123
15.4. A Teoria e a Gestão do Conhecimento Organizacional 125
15.5. Novas Configurações Organizacionais 126
15.6. O Capital Intelectual..................................... 128
15.7. Conclusões... 129

Capítulo 16 — Gestão Organizacional Frente aos Novos Paradigmas ... 131
16.1. Teoria e Técnicas Administrativas 131
16.2. Administração Por Objetivos — APO 132
16.3. Desenvolvimento Organizacional — DO 133
16.4. Outras Técnicas.. 134
16.5. Conclusões... 137

Considerações Finais 141

Bibliografia.. 143

Introdução

Este livro segue uma perspectiva histórica, apresentando as Teorias e Práticas Administrativas mais representativas ao longo de uma linha cronológica, de modo a facilitar para o leitor o acompanhamento da evolução da ciência administrativa.

O título desta obra é Teorias da Administração e não de Empresas, porque hoje não podemos mais permanecer com um conceito tacanho e restrito da Administração, pois na verdade Administrar estende-se a todo e qualquer tipo de organização: pública ou privada, com ou sem fins lucrativos, comercial ou industrial, de produção de bens ou de serviços, nacionais ou multinacionais, grandes ou pequenas. Portanto, o conteúdo deste livro é aplicável a qualquer tipo de organização e não apenas às aquelas que correspondem ao tradicional conceito de empresa.

O primeiro capítulo é dedicado especialmente aos futuros administradores de empresas, pois trata especificamente do exercício da profissão e do desenvolvimento dos cursos de graduação no Brasil. Trata-se de leitura fundamental também para aqueles que já são bacharéis, pois pontos importantes são retomados: mercado de trabalho, código de ética, legislação própria, sistema Conselhos Federal e Regional, entre outros.

Aborda-se nos primeiros capítulos os primórdios da Administração, ou a pré-administração, enfatizando as contribuições diversas recebidas desde os tempos bíblicos, passando pelos filósofos, matemáticos, físicos, pensadores políticos, empreendedores e, principalmente, pelo papel fundamental da Revolução Industrial no surgimento da Gerência Profissional.

Depois dessa parte introdutória, começamos a estudar efetivamente o que se conhece nos cursos de graduação como Teoria Geral da Administração, ou seja, todo o conhecimento administrativo compilado nos últimos 100 anos é repassado, de forma objetiva e concisa, sem descambar para preciosismos ou detalhes muito particulares dessa ou daquela escola.

Isto porque procurou-se preservar o enfoque prático da obra, daí o nome *compacto*, como significando algo não extenso, pois o objetivo é ir sempre direto ao ponto, privilegiando a utilização dos conhecimentos contidos neste livro. Afinal, conhecimento sem aplicabilidade, não é conhecimento útil, principalmente numa sociedade que preza resultados. Compacto, entretanto, não significa incompleto, pois, mesmo que não muito profundamente, procurou-se realmente esgotar todos os temas pertinentes ao assunto.

O leitor não vai perder tempo com considerações teóricas abstrusas, pois o autor teve a preocupação constante de utilizar apenas aquilo que é consenso na área, sempre agregando considerações críticas e exemplos reais tirados de mais de 15 anos de vivência administrativa.

Algum destaque também é dado para as técnicas mais recentes e temas emergentes, tais como administração cultural, ONGs, capital intelectual, desenvolvimento auto-sustentável, globalização etc., que são referenciados ao longo de todo o texto. Não obstante, há o capítulo final que faz a "amarração" de todos esses assuntos no universo administrativo-organizacional.

Na medida do possível foram evitadas as notas de rodapé e referências de final de capítulo, a fim de tornar a leitura do texto mais dinâmica, fluída e uniforme, para que o leitor mantenha a atenção do início ao fim do capítulo. Isto tornou o texto mais palatável, o que é extremamente recomendável para os que ainda não têm o hábito sistemático da leitura. Neste aspecto, sugere-se tornar esse hábito diário, pois a informação e a atualização são ferramentas essenciais para o desempenho gerencial, tais como a chave de fenda para o mecânico ou o estetoscópio para o clínico geral.

É bom lembrar sempre que Marketing, Recursos Humanos, Produção, Qualidade, Sistemas e Métodos, Finanças, Segurança Patrimonial etc. são disciplinas específicas da Administração, portanto, uma boa base de Teoria Geral será sempre útil para melhorar o desempenho do gerente dessas áreas, independentemente de seu grau de conhecimento e do estágio de desenvolvimento de suas habilidade específicas.

Essa é justamente a grande vantagem da Teoria Geral da Administração, ou em outras palavras, ela oferece uma visão sistêmica ampla de toda a organização e de seus processos, permitindo integrar esforços de áreas, à primeira vista diferentes, derrubar barreiras funcionais e enxergar oportunidades de melhorias contínuas onde antes só se viam esforços divergentes e divisões estanques. É dessa forma que o leitor será conduzido através do livro, numa saga constante de integração organizacional, com vistas a obter resultados máximos com a Teoria que está disponível, afinal, diz a máxima "nada mais prático que uma boa teoria".

A bibliografia, antes de uma lista de livros, artigos e sites consultados pelo autor, deve ser entendida como uma relação de obras a serem também consultadas pelo leitor que tiver interesse maior por um determinado tema ou assunto. Ou seja, é também uma sugestão de diversas obras de alta qualidade que trarão, cada uma, uma contribuição a mais para cada interesse mais particular do leitor. Sou humilde o suficiente para reconhecer que este livro só foi possível porque recorri às fontes certas, de modo que senti-me obrigado a compartilhar com você, leitor, este inestimável tesouro que são os bons livros de autores consagrados, mesmo que não muito famosos e até anônimos, daí a importância de fazer constar todos eles na bibliografia.

Administração no Brasil

CAPÍTULO 1

1.1. AS PRIMEIRAS ESCOLAS DE ADMINISTRAÇÃO

Os primeiro cursos na área de Administração surgiram nos EUA, com a criação da Wharton School, em 1881, mas no Brasil, somente na década de 50, iniciou-se de fato o ensino de administração. Nessa época, os EUA já formavam em torno de 50 mil bacharéis, 4 mil mestres e 100 doutores, por ano, em administração. Ainda hoje, segundo Kanitz, a diferença é muito grande: enquanto lá existem 2.400.000 MBAs (Masters in Business Administration), aqui teríamos no máximo 5.000 Mestres em Administração.

Esse *gap* ocorreu porque no Brasil, apenas a partir da década de quarenta é que começou a se fazer sentir a demanda por mão-de-obra qualificada na área de Administração, principalmente devido à aceleração do processo de industrialização nacional. O governo brasileiro já vinha demonstrando significativo interesse pela questões econômicas e a sociedade cobrava-lhe iniciativas para motivar a pesquisa em assuntos econômicos e administrativos, que até então era realizados de forma muito dispersa nas disciplinas de economia nos cursos de Direito.

Em 1945, Gustavo Capanema, Ministro da Educação e Saúde, propôs ao Presidente Vargas a criação dos cursos universitários de Ciências Contábeis e de Ciências Econômicas, justificando sua proposição na crescente complexidade dos negócios tanto públicos quanto privados. O mercado de educação superior, até então constituído basicamente por cursos de Direito, Medicina e Engenharia, começava a segmentar-se.

Em 1946, a Universidade de São Paulo, que tinha sido fundada 12 anos antes, criou sua Faculdade de Economia e Administração (FEA-USP), em consonância com o momento histórico do acelerado processo de desenvolvimento econômico do país. Não obstante, a Faculdade permaneceu oferecendo apenas o Curso de Ciências Econômicas e Ciências Contábeis até 1963, quando então finalmente iniciaram-se os Cursos de Graduação em Administração Pública e de Empresas. Não obstante, o Instituto de Administração, criado em 1946, juntamente com a FEA, foi, até 1966, muito importante na orientação de projetos e pesquisas para a administração pública.

Em 1972, o Instituto de Administração foi reestruturado, com o objetivo de prestar serviços a entidades públicas e privadas, realizar pesquisas e treinar pessoal, o que gerou um fundo para financiamento de pesquisa na área.

Em 1952, foi criada pela Fundação Getúlio Vargas, com apoio da ONU, a Escola Brasileira de Administração Pública (EBAP), com a finalidade de formar especialistas nas modernas técnicas administrativas de então.

Em 1954, com apoio da iniciativa privada e dos Governos Federal e Estadual, foi fundada a Escola de Administração de Empresas de São Paulo pela Fundação Getúlio Vargas (EAESP-FGV) e instituído o Curso Intensivo de Administradores, com o objetivo de transmitir técnicas avançadas de gestão a dirigentes empresariais. O Governo norte-americano também apoiou a iniciativa, ao manter na nova Escola de Administração uma missão da *Michigan State University*, além de receber os docentes da EAESP para cursos de pós-graduação nos EUA. Em 1955, foi finalmente criado o primeiro curso superior em Administração de Empresas do Brasil.

Em 1961, a Fundação Getúlio Vargas começou a oferecer cursos de pós-graduação em Administração de Empresas. Dois anos depois, a EAESP foi reconhecida pelo Decreto nº 52.830 e, em 1966, mediante convênio como o Governo Estadual, instituiu o curso de graduação em Administração Pública.

Em 1974, houve o desmembramento do curso de pós-graduação nos cursos de especialização (*lato sensu*) e de Mestrado (*stricto sensu*) em Administração de Empresas. Este último visando a formação de professores para outras instituições de ensino. O crescimento da demanda por professores especializados em Administração levou a FGV, em 1976, a criar os cursos de mestrado em Administração Pública e Governo e de Doutorado em Administração de Empresas e, algum tempo depois, em 1989, teve início os cursos de Mestrado e Doutorado em Economia de Empresas. Finalmente, em 1993, houve a criação do MBA, curso de mestrado profissional *stricto sensu*.

A FEA-USP e a EAESP-FGV foram marcos referenciais para o desenvolvimento dos demais cursos de Administração de Empresas no Brasil e ocupam hoje posição dominante no campo das Instituições de Ensino Superior de Administração.

Essas instituições realmente ofereceram grande contribuição ao *managment* nacional ao criar um novo tipo de profissional, dotado de uma formação técnica, capaz de embasar suas ações em conhecimentos especializados, permitindo ao país prosseguir com as transformações tão necessárias à modernização do sistema econômico.

1.2. CURSOS DE ADMINISTRAÇÃO NO BRASIL

Após a revolução de 64, os cursos de Administração começaram a se expandir através de Faculdades particulares, em decorrência da aceleração do desenvolvimento econômico e do conseqüente aumento na demanda por profissionais capazes de gerir as grandes empresas e as novas unidades produtivas do país: principalmente empresas estrangeiras e estatais. Essa nova complexidade exigia profissionais com treinamento, ferramentas e habilidades específicas para executar diferentes funções. Nessa conjuntura, abriu-se amplo espaço para atuação daqueles que já tinham formação específica na área de Administração de Empresas.

Esse cenário econômico-social exigia a regulamentação da profissão de Administrador, o que realmente veio a ocorrer em 9 de setembro de 1965, com a Lei nº 4.769. Já no ano seguinte, o Conselho Federal de Educação fixou o primeiro currículo mínimo do curso de Administração, através do Parecer nº 307/66, aprovado em 8 de julho de 1966. Desde então ficaram institucionalizadas no Brasil, a profissão e a formação de Técnico em Administração. O currículo agrupou matérias de cultura geral, instrumentais e de formação profissional. Como o currículo é flexível, as Instituições de Ensino têm liberdade suficiente para ministrar as matérias do currículo mínimo com diferentes enfoques e dosagens, de acordo com a organização de seus cursos específicos.

De acordo com o Parecer nº 307/66, o currículo mínimo do curso de Administração, que habilitava ao exercício da profissão de Técnico de Administração, foi constituído das seguintes matérias: Matemática, Estatística, Contabilidade, Teoria Econômica, Economia Brasileira, Psicologia Aplicada à Administração, Sociologia Aplicada à Administração, Instituições de Direito Público e Privado (incluindo Noções de Ética Administrativa), Legislação Social, Legislação Tributária, Teoria Geral da Administração, Administração Financeira e Orçamento, Administração de Pessoal e Administração de Material.

Tornou-se obrigatório, posteriormente, o Direito Administrativo, ou Administração de Produção e Administração de Vendas, segundo a opção do aluno, além de um estágio supervisionado de seis meses.

Em 4 de outubro de 1993, a Resolução nº 2 fixou "os mínimos de conteúdos e duração dos cursos de Graduação em Administração no Brasil, obedecendo as considerações da Associação Nacional dos Cursos de Graduação em Administração (ANGRAD) e do Conselho Federal de Administração (CFA)." Assim, o currículo mínimo do curso de graduação em Administração, que habilita ao exercício da profissão de Administrador, passou a ser constituído, obrigatoriamente, a partir de 1995, das seguintes matérias:

FORMAÇÃO BÁSICA E INSTRUMENTAL	FORMAÇÃO PROFISSIONAL	DISCIPLINAS ELETIVAS E COMPLEMENTARES	ESTÁGIO SUPERVISIONADO
Economia	Teorias da Administração		
Direito	Administração Mercadológica		
Matemática	Administração da Produção		
Estatística	Administração de Recursos Humanos		

FORMAÇÃO BÁSICA E INSTRUMENTAL	FORMAÇÃO PROFISSIONAL	DISCIPLINAS ELETIVAS E COMPLEMENTARES	ESTÁGIO SUPERVISIONADO
Contabilidade	Administração Financeira e Orçamentária		
Filosofia	Administração de Materiais e Patrimoniais		
Psicologia	Administração de Sistemas de Informação		
Sociologia	Organização, Sistemas e Métodos		
Informática			
720 horas-aula	1020 horas-aula	960 horas-aula	300 horas-aula
24%	34%	32%	l0%

Essas matérias deverão ser ministradas no tempo útil de 3.000 horas-aula, tendo-se fixado para sua integralização o mínimo de 4 e o máximo de 7 anos letivos. Além da habilitação geral prescrita em lei, as instituições poderão criar habilitações específicas, mediante intensificação de estudos correspondentes às matérias acima e em outras que venham a ser indicadas para serem trabalhadas no currículo pleno.

1.3. A PROFISSÃO DE ADMINISTRADOR

Durante a década de 60, Instituições de Ensino Superior já estavam formando administradores profissionais, aptos a atender ao gerenciamento das empresas inseridas no rápido processo de industrialização, que havia se iniciado na década de 30. Fazia-se necessário então, regulamentar a profissão, o que ocorreu através da Lei nº 4.769/65, já mencionada, que criou oficialmente a profissão de Técnico em Administração, denominação que permaneceu até 13 de junho de 1985, quando a Lei federal nº 7.321, alterou o nome da profissão para Administrador.

Com essa regulamentação, criaram-se os Conselhos Regionais e Federal de Administração para fiscalizar o desempenho da profissão e expedir as carteiras profissionais. A partir de então, só poderiam exercer a profissão aqueles registrados no Conselho Regional de Administração — CRA, tornando o exercício da profissão privativo àqueles que possuem o título de bacharel em administração.

A regulamentação trouxe forte impulso para a criação de novos cursos de Administração: de apenas dois cursos em 1954, na EBAP e na EAESP, passou-se para 31 em 1967, para 177 cursos no ano de 1973, para 244 cursos em 1978, para 454 em 1995 e, finalmente, em 1999, para 901 cursos em 613 diferentes Instituições de Ensino Superior[1]. O primeiro sindicato dos Administradores foi criado no Estado de São Paulo, em 1971, com o intuito maior de integrar os profissionais da área e defender seus interesses.

Atualmente, o Administrador, além de permanentemente atualizado com as mais modernas técnicas de gestão e sintonizado com as mudanças no mundo, deve estar preparado também para atuar em todas as formas organizacionais, desde associações de bairros, cooperativas, pequenas empresas, organizações sem fins lucrativos, não-governamentais, culturais etc., além das tradicionais grandes empresas comerciais e industriais.

1.4. SÍMBOLOS DA PROFISSÃO

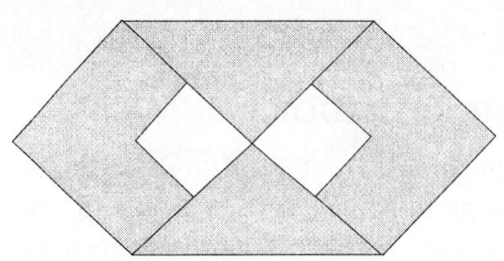

A figura ao lado representa o símbolo do Administrador profissional no Brasil. As flechas voltadas para o centro representam a convergência para um objetivo comum, enquanto que as flechas direcionadas para fora indicam um caminho, a partir de um princípio de ação, para alcançar uma meta. O quadro que com-

---
[1] Dados extraídos da RBA de maio/99.

porta a figura representa os limites éticos da profissão, a forma hexagonal indica as atividades científicas e o azul é a cor representativa da criatividade. O anel do Administrador é uma safira azul-escura, que retoma os mesmos significados do símbolo da profissão.

O Diretor-Geral do extinto Departamento de Administração do Serviço Público — DASP, no período de 1967/68, Belmiro Siqueira (1921-1987) foi eleito Patrono dos Administradores em função de sua destacada atuação como administrador, professor, escritor e presidente do Conselho Federal de Administração.

1.5. O EXERCÍCIO DA PROFISSÃO

O bacharel em Administração, devidamente registrado em seu Conselho Regional, pode exercer sua profissão, de acordo com o código de ética profissional (Resolução Normativa 128/92, do Conselho Federal de Administração), privativamente, nos seguintes campos de atuação: administração financeira, de materiais, mercadológica, da produção, de seleção de pessoal; relações industriais; orçamento; organização, métodos e programas de trabalho. Não só os bacharéis devem se registrar, mas também os tecnólogos e as empresas que exerçam atividades típicas e privativas do Administrador.

O Conselho Federal de Administração — CFA é uma autarquia que tem caráter normativo, consultivo, orientador, disciplinador e fiscalizador da profissão de Administrador, cuja sede localiza-se em Brasília, DF, mas com jurisdição em todo o país. É composto por órgãos deliberativos (Plenário, Diretoria Executiva, Câmaras Setoriais e Tribunal Superior de Ética), órgãos de direção (Presidência, Vice-presidência e cinco Diretorias), órgãos técnicos-científicos (Comissões Permanentes e Especiais) e pela Assembléia de Presidentes, que se constitui em um órgão consultivo e fiscal.

Há ainda 22 Conselhos Regionais de Administração — CRA, que são órgãos consultivos, orientadores, disciplinadores e fiscalizadores do exercício da profissão, com atuação geográfica restrita (geralmente um ou dois estados da Federação), cujo objetivo principal é manter a sociedade livre dos maus profissionais. Existem, por fim, as Delegacias Regionais, que são representações dos CRAs que têm a finalidade de facilitar aos Administradores o acesso aos serviços do Conselho.

1.6. O JURAMENTO DO ADMINISTRADOR

"Prometo dignificar minha profissão, consciente de minhas responsabilidades legais; observar o código de ética, objetivando o aperfeiçoamento da ciência da Administração, o desenvolvimento das instituições e a grandeza do homem e da pátria."

Sugerimos, para aqueles que quiserem mais informações sobre a profissão de Administrador de Empresas, uma visita ao "site" do Conselho Federal de Administração (www.cfa.org.br), onde, além do aqui mencionado, poderão ter acesso a dados sempre atualizados.

Bases Históricas

CAPÍTULO 2

2.1. ADMINISTRAÇÃO COMO UM PROCESSO HISTÓRICO

A primeira grande obra realizada pela humanidade que requis grande esforço administrativo foi a construção das pirâmides do Egito. Pode ter havido mais obras dignas de nota, mas nenhuma outra conseguiu tamanha longevidade, e portanto, sucesso. Tanto é assim, que o pai do *management* moderno, Peter Drucker, ao ser questionado sobre quem teria sido o maior administrador do mundo, respondeu: o cara que construiu as pirâmides do Egito.

Há muitas teorias para explicar como foi possível construir uma obra tão monumental, em tempos tão antigos, com tantas dificuldades e tamanha escassez de recursos, inclusive tecnológicos. Algumas até consideraram participação de extraterrestres na empreitada. Para quem lida no seu dia-a-dia com a ciência, no entanto, a explicação é simples: boa administração, e só. Aliás, você já parou para pensar por que uma pirâmide e não um quadrado, um retângulo ou outra forma geométrica qualquer? Também podemos encontrar as mais insólitas explicações para isso: desde captação de energia cósmica até marcos referenciais para pouso de discos voadores. Mas, voltando ao campo da Ciência e mais precisamente da Administração, veremos que a resposta é simples.

A forma piramidal, como representação das relações hierárquicas que determinam a autoridade e o poder, está presente em todas as organizações que se conhecem (empresas comerciais, industriais, de serviços, religiosas, beneficentes etc.). É bem verdade que as modernas empresas têm procurado diminuir sobremaneira a quantidade de níveis hierárquicos, achatando com isso a pirâmide organizacional, mas até hoje, não se tem notícia de qualquer organização que tenha tido sucesso absoluto na eliminação total da hierarquia. Portanto, o que os faraós do Egito queriam talvez representar, era a forma como estava organizado o império que lhes permitia governar com o máximo de eficiência e eficácia para a época. Nada mais coerente que quisessem, também na morte, serem permanentemente abrigados dentro de sua estrutura organizacional.

Figura 2.1

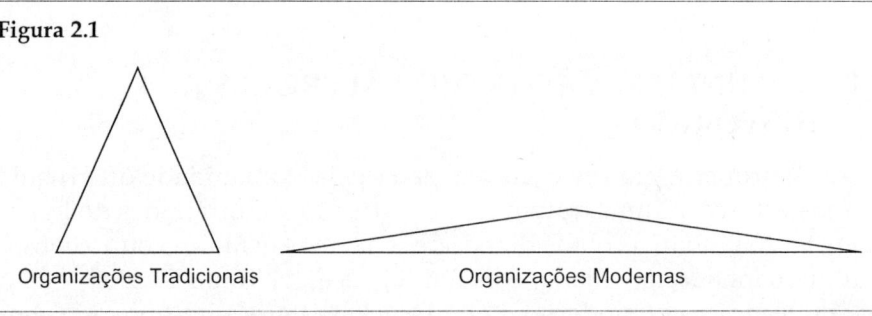

Organizações Tradicionais   Organizações Modernas

De fato, o princípio da hierarquia organizacional é tão bom, que mesmo Moisés, ao fugir do Egito, levou consigo essa idéia. Ao sentir a grande dificuldade que era administrar a fuga de mais de "600.000 de pé, somente de varões, sem contar os meninos... ovelhas, vaca, gado" (êxodo, 12; 37 e 38), resolveu dar ouvidos a seu sogro Jetro, que ciente dos problemas de Moisés, sugeriu-lhe hierarquizar a grande empresa divina (Êxodo, 18):

> "21. E tu dentre todo o povo procura homens capazes, tementes a Deus, homens de verdade, que aborreçam a avareza; e põe-nos sobre eles por maiorais de mil, maiorais de cem, maiorais de cinqüenta, e maiorais de dez.

22. *Para que, julguem este povo em todo o tempo, e seja que todo o negócio grave tragam a ti, mas todo o negócio pequeno eles o julguem; assim a ti mesmo te aliviarás da carga, e eles a levarão contigo.*

23. *Se tudo isto fizeres, e Deus to mandar, poderás então subsistir; assim também todo este povo em paz virá ao seu lugar.*

24. *E Moisés deu ouvido à voz de seu sogro e fez tudo quanto tinha dito.*

25. *E escolheu Moisés homens capazes, de todo o Israel, e os pôs por cabeças sobre o povo: maiorais de mil e maiorais de cem, maiorais de cinqüenta, e maiorais de dez.*

26. *E eles julgaram o povo em todo o tempo; o negócio árduo trouxeram a Moisés, e todo o negócio pequeno julgaram eles."*

Assim, fixando tarefas, delegando poder e autoridade, definindo responsabilidades, estabelecendo diretrizes e amplitude de atuação, em outras palavras, hierarquizando (ou ainda, aplicando a forma piramidal), Moisés conseguiu cumprir com êxito a sua missão. Tal arquitetura organizacional permitiu ao ser humano a construção das mais notáveis obras e a realização dos mais incríveis empreendimentos: um princípio divino para a ciência administrativa.

2.2. CONTRIBUIÇÕES DIVERSAS

A ciência administrativa é o resultado de todo um processo histórico de desenvolvimento da humanidade, não surgiu de uma hora para outra. Na verdade, apenas nos últimos 100 anos é que tomou impulso e começou a estabelecer um campo próprio. Ao longo de todo o tempo em que o homo-sapiens se encontra sobre a face da terra, no entanto, pode-se afirmar ter havido, em menor ou maior grau, atividades administrativas diversas: mesmo o homem das cavernas precisava de atividades mínimas de logística e suprimentos para prover sua própria subsistência. A definição de localização de uma tribo indígena, por exemplo, pode ser considerada, como tipicamente uma decisão estratégica. De outra forma, a administração, embora não como atividade estruturada, sempre existiu; a administração como ciência é que só a partir do final do século XIX começou a desenvolver-se.

Por ser muito nova, a Administração apropriou-se do conhecimento de várias outras ciências e absorveu a contribuição de inúmeros filósofos, matemáticos, físicos, economistas, políticos, empresários, engenheiros, empreendedores, historiadores, psicólogos, instituições e organizações diversas etc., tornando-se talvez uma das mais ecléticas ciências modernas.

2.2.1. OS FILÓSOFOS

Sócrates (470-399 a.C.) considerava a administração como uma habilidade pessoal e isolada, independente do conhecimento técnico e da experiência. Seu discípulo, Platão (429-347 a.C.) defendia a administração como uma atividade democrática ligada aos negócios públicos e Aristóteles (384-322 a.C.) estendeu essa atividade a duas outras formas de administração: monárquica e aristocrática.

Com o método Cartesiano, baseado nos princípios da dúvida sistemática, da decomposição, da síntese e da enumeração, René Descartes (1596-1650) definiu uma importante metodologia tanto para a Administração como para as demais ciências. Hobbes (1588-1689), Rousseau (1710-1778) e Marx (1818-1883), respectivamente, com suas idéias de pacto social, contrato social e origem econômica do Estado trouxeram uma visão normativa e legal das organizações. Posteriormente, em 1848, com o manifesto comunista, Marx e Engels, definem a luta das classes sociais (proletariado e burguesia) como o motor da história e lançam as bases do socialismo e do sindicalismo como agentes promotores de uma melhor condição de trabalho da classe operária na sociedade capitalista.

2.2.2. A IGREJA CATÓLICA E AS ORGANIZAÇÕES MILITARES

A Igreja Católica é a organização que mais contribuiu para a ciência administrativa por ter sido o exemplo primeiro que as demais organizações formais, que vieram depois, seguiram quase sem modificações. Isto se explica pela sua enorme longevidade organizacional (2000 anos), extrema simplicidade (todas suas normas podem ser extraídas da bíblia e quando muito, do código canônico), abrangência geográfica (primeira organização global que se tem notícia), poucos níveis hierárquicos (padres, bispos, arcebispos, cardeais e papa, basicamente), um CEO (Chief Executive Officer) vitalício (o papa), capacidade de adaptar-se constantemente ao seu meio ambiente, mesmo que lentamente e uma missão clara, objetiva e eficaz: garantir o reino dos céus. O fato de ter sido a primeira organização formal, também lhe garantiu uma vantagem competitiva como modelo para as organizações que se seguiram, difícil de ser superada.

As organizações militares a partir do estabelecimento do exército regular espanhol e mais relevantemente o exército prussiano, ofereceram à ciência administrativa importantes princípios adotados em seus exércitos: unidade de comando, centralização do comando, descentralização da execução, estado maior (assessoria/staff, equipe especializada cujo objetivo é pensar), direção (todo soldado deve saber o que fazer e o que se espera dele).

2.2.3. OS ECONOMISTAS

O economista liberal Adam Smith (1723-1790), que escreveu *Da Riqueza das Nações*, em 1776, definiu o que hoje conhecemos como a especialização do trabalho e juntamente com James Mill (1773-1836) que em seu livro *Elementos de Economia Política*, de 1826, que já falava de medidas relacionadas a tempos e movimentos, anteciparam-se em várias décadas à Administração Científica de F.W.Taylor e seus seguidores.

Davi Ricardo (1772-1823) em seu livro *Princípios de Economia Política e Tributação* de 1817 foi o primeiro a tratar das questões relativas a salários, custos, preços, mercados de forma estruturada e John Stuart Mill (1806-1873), por sua preocupação com furtos e fraudes nas empresas, expressa em seu livro *Princípios de Economia Política* pode ser considerado o primeiro auditor interno e precursor das atividades de controle e gestão patrimonial das empresas.

2.2.4. OS EMPREENDEDORES

Até a primeira metade do século XIX as empresas, em sua grande maioria eram negócios pequenos e familiares. Somente com a expansão do comércio internacional e a construção de grandes obras de engenharia (Canais de Erie, de Suez, do Panamá, estradas de ferro cruzando continentes etc.) é que as organizações começaram a tornar-se complexas e de difícil administração.

Nessa época, um empreendedor pioneiro em algum segmento de mercado, tinha amplas possibilidades de tornar-se riquíssimo e continuar multiplicando sua fortuna, pois a concorrência era nenhuma. Veja-se o exemplo de Levi Strauss, primeiro fabricante de calças jeans: ninguém mais o fazia, portanto, só concorria com ele mesmo. Assim também os primeiros empresários das estradas de ferro, jornais, automóveis, aviação etc. Esses novos milionários tinham a necessidade de estar expandindo constantemente seus negócios, como estratégia básica ou pelo menos para não deixar o dinheiro parado.

Nesse contexto, uma alternativa estratégica de crescimento era a integração vertical, que consistia na compra de todos os fornecedores, dos concorrentes que iam aparecendo, dos distribuidores, enfim de toda a cadeia produtiva, numa verdadeira construção de barreiras intransponíveis para qualquer outro concorrente. Imagine uma fábrica X de refrigerantes que fosse dona dos supermercados, das fábricas de garrafas, das fábricas de tampas, da indústria química que produz os xaropes etc. Mesmo que um concorrente achasse uma brecha no mercado, seria imediatamente asfixiado se X resolvesse, por exemplo, deixar de vender-lhes as garrafas ou o xarope, ou ainda impedir-lhe a venda em seus supermercados. Tal estratégia, naturalmente é muito cara e dispendiosa, só possível quando o capital é farto e a tecnologia escassa, de modo que hoje, não se vêem mais empresas com freqüência adotando esse posicionamento, mas preferindo estratégias de combinação horizontal, que consiste em fusões, *holdings*, alianças etc.

A tecnologia e os mercados continuavam a se desenvolver cada vez mais rapidamente, requerendo das empresas eficiência crescente, rapidez e produtos novos, forçando os empresários a buscar freneticamente a melhoria dos seus processos de gestão e de suas práticas administrativas. Essa conjuntura voltou a atenção de inúmeras pessoas para os problemas empresariais e possibilitou o surgimento de uma ciência voltada, em um primeiro momento, para as questões que afligiam as fábricas e indústrias da época.

2.3. A REVOLUÇÃO INDUSTRIAL

Com a Revolução Gloriosa Inglesa, foi instituído naquele país o Parlamentarismo Monárquico que, dentre outras medidas, livrou a burguesia mercantil do monopólio real sobre o comércio exterior e concedeu à nobreza progressista rural o direito de ocupar terras subutilizadas em propriedades produtivas.

Isto levou a economia inglesa a um surto de crescimento extremamente significativo, uma vez que a produção nas terras antes improdutivas e o recrudescimento do comércio exterior pela burguesia estimulavam o ingresso de divisas provenientes de praticamente todo o mundo conhecido. Só para dimensionar o quadro, ao longo do século XVIII, metade de todo o ouro extraído de Minas Gerais, no Brasil, foi para o Banco da Inglaterra e nos primeiros cinqüenta anos desse mesmo século as exportações inglesas aumentaram 76%.

O enfraquecimento da burguesia rural tradicional e a grande oferta de dinheiro deram à Inglaterra as condições ideais para iniciar o processo de industrialização. A mão-de-obra era farta e barata e as taxas de juros baixíssimas, enquanto que a demanda por produtos ingleses era crescente. Essa conjuntura favorecia investimentos de longo prazo, pois o custo do capital era baixo. Assim, obras de infra-estrutura foram privilegiadas e novos empreendimentos pipocavam por toda a Grã-Bretanha, incentivando os empresários a investir cada vez mais na modernização do processo produtivo a fim de atender ao mercado consumidor interno e externo.

A necessidade premente de aumentar a produtividade trouxe radicais mudanças sociais e econômicas para a Inglaterra e posteriormente para todo o mundo. Até a eclosão da Revolução Industrial, a produção era artesanal, ou seja, todos os produtos eram fabricados manualmente em oficinas de propriedade de um Mestre Artesão que detinha todo o conhecimento de como realizar o trabalho. Havia também os aprendizes que, durante 7 anos pelo menos, trabalhavam para o Mestre em troca de ensino e aprendizagem, para só então poderem exercer o ofício livremente. Um outro sistema de produção era o sistema de guildas, no qual o trabalho era realizado pelo artesão e sua família, no que se caracterizava por uma produção doméstica. Esses sistemas eram muito ineficientes do ponto de vista capitalista, uma vez que todo o controle do processo estava sob as mãos do trabalhador.

Para melhorar a produtividade, os empresários adotaram um sistema denominado *putting-out system*, pelo qual forneciam a matéria-prima para o produtor que manteve o controle sobre a concepção e execução do trabalho, mas deixou de decidir sobre preço, quantidade, qualidade etc. Esse sistema, no entanto, ainda dava muita liberdade para o trabalhador escolher quando, como e em que ritmo trabalhar, o que do ponto de vista do empresário era um sério entrave para o aumento da produção. A única solução vislumbrada pelo capitalista era intervir diretamente no processo produtivo, tirando do artesão qualquer poder de decisão. Dessa forma foram reunidos vários trabalhadores para produzir nas instalações do capitalista e sob supervisão deste: nasciam as fábricas.

Esse novo sistema possibilitou a aceleração do desenvolvimento tecnológico, uma vez que agora podia-se entender o trabalho e como era realizado, de tal modo que se sucederam rapidamente inúmeras invenções para mecanizá-lo: máquinas de fiar, máquinas movidas a água, tear mecânico, máquina a vapor etc. Essa combinação entre tecnologia e supervisão cerrada é o que hoje conhecemos como sistema fabril. A partir de então a produção obedecia um ritmo constante e o trabalhador estava obrigado a respeitar horários fixos e normas rígidas, pois agora o capitalista controlava todo o processo e detinha a propriedade de máquinas, equipamentos, instalações, matéria-prima etc.

Figura 2.2. A Evolução do Processo Produtivo.

SISTEMA	CONTROLE DO PROCESSO	CONTROLE DO PRODUTO	PERÍODO
Artesanal	Trabalhador	Trabalhador	Antes da Revolução Industrial
Putting-Out	Trabalhador	Empresário	Transição
Fabril	Empresário	Empresário	Pós-Revolução Industrial

(Adaptado de Park (1997).

A mudança completa no modo de vida de então causou sérios abalos sociais: revoltas de trabalhadores, leis punitivas, urbanização descontrolada e o surgimento de duas novas classes sociais — burguesia industrial e o proletariado.

2.4. A GERÊNCIA PRIMITIVA E OS PRECURSORES DA ADMINISTRAÇÃO

A preocupação constante com a eficiência da produção e com a racionalidade dos métodos de trabalho, começou a criar no empresariado um interesse muito grande por formas de gerenciar e administrar que garantissem lucros cada vez maiores.

Vários filósofos e teóricos da época também começaram a voltar sua atenção para as mudanças que estavam ocorrendo na sociedade, com o trabalho e os trabalhadores. Diversas foram as tentativas de modelar uma explicação para a sociedade industrial que nascia.

a) Saint-Simon (1760-1825) é considerado o precursor da tecnocracia, pois já defendia a união de todos os países europeus em uma confederação parlamentarista, dividindo o governo em três câmaras: planejamento, avaliação e execução.

b) Charles Fourier (1772-1837) foi o primeiro a idealizar a autogestão ao defender comunidades agroindustriais autogeridas por trabalhadores livres, como alternativa para os problemas da sociedade industrial.

c) Robert Owen (1771-1857), executivo escocês, aplicou de modo pioneiro, sistemas de avaliação de desempenho, criou uma vila operária e reduziu a jornada de trabalho dos operários, antecipando-se em quase um século às idéias da Escola de Relações Humanas.

d) Louis Blanc (1811-1882) reputa-se-lhe a idéia de cooperativismo, pois defendia uma sociedade racionalmente organizada através da criação de um governo coordenador de todas as atividades industriais.

e) James Montgomery (1771-1854) foi talvez o primeiro a demonstrar que a racionalização do trabalho melhorava a qualidade e a produtividade, além de ter aplicado princípios de supervisão da qualidade para diminuir custos e acidentes do trabalho.

f) Douglas McCallum (1815-1878) era um arquiteto escocês que utilizou seus conhecimentos para elaborar um organograma que deixava claro a todos o que se esperava de cada um, melhorando a supervisão e tornando a organização mais transparente.

g) Henry Ford I (1863-1947) é conhecido como o inventor da linha de montagem na produção de automóveis, mas sua contribuição vai mais além. Por ter dobrado o valor do salário mínimo da época para que todos seus empregados também pudessem comprar um automóvel saído das fábricas da Ford, é também considerado o criador da classe média. Encarava a atividade empresarial como uma prestação de serviços à comunidade e massificou a produção de automóveis.

2.5. ADMINISTRAÇÃO PÚBLICA NO BRASIL

Administração pública tem muito a ver com administração de empresas, embora se insiram, cada uma, em contextos social, histórico, político e legal diferentes. Enquanto nos países que foram agentes ativos da Revolução Industrial, o desenvolvimento econômico era em grande parte ditado pelas companhias privadas, portanto pela administração de empresas, no Brasil, salvo poucos empreendedores, ainda assim, estrangeiros, o processo de desenvolvimento econômico foi encaminhado quase que exclusivamente pela administração pública. Portanto, o estudo do desenvolvimento da administração pública brasileira, dá um ótimo panorama do que ocorreu na Administração nacional como um todo.

O primeiro modelo de administração pública do Brasil independente foi elaborado pelo próprio Imperador D. Pedro I, na constituição de 1824. Era um modelo excessivamente centralizado, composto por apenas cinco ministérios (Império e Estrangeiro, Guerra, Marinha, Fazenda e Justiça). Mesmo com a implementação do Parlamentarismo em 1847, pouca alteração ocorreu e apenas em 1861 é que criou-se mais um ministério: o da agricultura.

A República, proclamada em 1889, nasceu e manteve-se com a mesma estrutura do Império até o primeiro governo de Getúlio Vargas (1930-1937), quando foi criada uma subcomissão de reajustamento, cujo presidente era Maurício Nabuco, com a finalidade de modernizar o Estado. Instituíram-se então as carreiras no serviço público e as promoções salariais por antigüidade e merecimento, bem de acordo com as teorias administrativas da época.

No Estado Novo (1937-1945), criou-se o Departamento de Administração do Serviço Público — DASP —, cujo objetivo era aplicar na administração pública os mais modernos métodos de gestão preconizados pelos teóricos da administração daquele momento (Administração Científica e Teoria Clássica).

Implementou-se o sistema de mérito e o ingresso na carreira mediante concurso público, para selecionar os mais capazes (o homem de 1ª classe). Além disso, buscou-se a padronização de procedimentos, especialmente nos processos de compras, através de *Termos de Comparação*, especificação de materiais (descrição técnica), simplificação de rotinas e de tipos de materiais utilizados. O sistema adotado era extremamente centralizado e autocrático, em perfeita consonância com os modelos administrativos da teoria clássica de Taylor e Fayol.

Em 1956 criou-se a Comissão de Simplificação Burocrática — COSB —, visando descentralizar atividades e a Comissão de Estudos e Projetos Administrativos — CEPA — para sugerir mudanças na estrutura administrativa e proceder reengenharia de processos, que na época ainda não tinha esse nome.

O Decreto-lei nº 200, de 25 de Fevereiro de 1967, expandiu a administração indireta (autarquias, empresas públicas) e descentralizou diversos órgãos do Governo Federal para a iniciativa privada, estados e municípios. Ainda na década de 70, durante o regime militar (1964-1985), criou-se a Secretaria de Modernização para implantar modernas técnicas de administração de pessoal. Em 1979, institui-se o Programa Nacional de Desburocratização, com Hélio Beltrão à frente do Ministério da Desburocratização.

Em 1994, durante o governo FHC (1994-2002) recrudesceu o esforço de desburocratização, com a criação do Ministério da Administração e da Reforma do Estado — MARE. Além dessa iniciativa, com o intuito de modernizar a administração do Estado, foi dado grande impulso ao programa de desestatização, que se estende até os nossos dias. Segundo as palavras do Presidente Fernando Henrique Cardoso, "*o Estado reduz seu papel de executor ou prestador direto de serviços, mantendo-se entretanto no papel de e provedor ou promotor destes, principalmente dos serviços sociais como educação e saúde*", 1995. Plano Diretor da Reforma do Estado.

Pelos fatos anteriormente narrados, percebe-se claramente, por parte do governo, uma constante preocupação com a eficiência e eficácia do Estado através da adoção sempre das mais modernas técnicas de gestão administrativa, na esperança de que dê certo também aqui o que funciona lá fora. Infelizmente tal esforço quase nunca é bem-sucedido em função de interesses outros que não a boa administração. Tal problema poderia ser, se não solucionado em definitivo, pelo menos minorado ao se adotar um quadro permanente de administradores escolhidos por suas qualificações e habilidades profissionais, e não por critérios políticos, para exercer as funções chave de gerência do Estado, que são estratégicas e requerem conhecimentos técnicos precisos.

Embora se possa citar a tecnocracia dos governos militares pós-64 como uma tentativa de profissionalizar a administração, facilmente verifica-se que a idéia, a princípio muito boa, foi desvirtuada pelos mais diversos interesses, não se constituindo portanto, numa experiência válida para conclusões definitivas sobre o assunto.

Teoria e Perspectivas da Administração

3
CAPÍTULO

3.1. A TEORIA GERAL DA ADMINISTRAÇÃO

O mundo em que vivemos é uma sociedade extremamente complexa e em constante processo de mudanças. Em função desse meio ambiente, o ser humano vem desenvolvendo necessidades cada vez mais difíceis de serem satisfeitas, ou de outro modo, para viver bem, precisamos das organizações que nos provêm de serviços e produtos extremamente elaborados, que só a elas é possível produzir. Essas organizações são dos mais diversos tipos e existem, sempre, em função de necessidades humanas.

Esses complexos sistemas são estudados de forma global pela Teoria das Organizações, enquanto que a Teoria Geral da Administração (TGA) definiu como seu objeto de estudo a administração dessas organizações, quer sejam empresas (foram criadas com o objetivo de gerar lucro) ou não (governo, exército). Daí a amplitude do campo de estudo da TGA e sua conseqüente complexidade. É muito comum vermos um administrador conseguir sucesso em uma organização e fracassar completamente em outra, mesmo com excelentes habilidades e conhecimentos. Isto acontece devido à relatividade da ciência administrativa, ou seja, o que funciona em determinada conjuntura organizacional, pode não ser o mais indicado para uma outra realidade.

Por isso requer-se do gerente um conjunto de habilidades específicas de extrema abrangência: técnicas (métodos e equipamentos), humanas (empatia, relacionamento) e conceituais (teoria e visão sistêmica). A TGA em seu bojo abarca todas essas habilidades, mas privilegia as conceituais, essenciais, porém não suficientes, para o desempenho satisfatório das funções gerenciais da organização. A TGA permite, portanto, compreender o funcionamento das organizações, diagnosticar seus problemas, propor soluções e manter esses sistemas em permanente atividade, pois a rigor, não há qualquer razão para que uma organização "morra" (encerre suas atividades).

Administração é, portanto, a mais importante atividade humana na atualidade, pois é ela que viabiliza todas as demais, afinal, sem uma administração competente, geram-se desperdícios, gastos, prejuízos ao meio ambiente, extinção dos recursos produtivos, enfim não se consegue desenvolvimento sustentável. Em suma, não há organizações improdutivas ou subdesenvolvidas, mas sistemas bem ou mal administrados e os resultados obtidos são reflexos diretos da qualidade da administração.

Conseguir fazer as coisas certas, no momento certo, pelas pessoas certas, é o grande problema que a TGA nos ajuda a resolver. Cabe à administração compreender a organização, interpretar seus objetivos e concretizá-los através da ação das pessoas que compõem direta ou indiretamente essa organização. Administrar é obter sucesso organizacional através do esforço das pessoas.

São várias as tendências e as escolas administrativas e cada uma tem uma visão particular e uma maneira diferente de interpretar os problemas organizacionais, portanto, cada uma privilegia uma abordagem específica, ampliando dessa forma, o leque de teorias à disposição do administrador. Por isso é importante o conhecimento de todas as teorias a fim de termos uma visão global que nos permita identificar a mais adequada a determinada situação ou contexto.

3.2. O ESTÁGIO ATUAL DA TEORIA GERAL DA ADMINISTRAÇÃO

A quantidade de livros lançados atualmente sobre gerência e métodos de gestão, talvez só perca para a quantidade de títulos de auto-ajuda. É realmente impressionante o interesse que desperta a questão do gerenciamento organizacional no mundo moderno, provavelmente porque nossa sobrevivência nesse planeta dependa de como vamos administrar daqui por diante nossa relação com a Terra, que até agora foi marcada pela exploração e irresponsabilidade. Entretanto, a base teórica da Administração não é muito extensa e pode ser resumida no quadro abaixo.

Figura 3.1

ABORDAGEM	ANO DE REFERÊNCIA
Administração Científica	1903
Burocracia	1905
Teoria Clássica	1916
Relações Humanas	1932
Estruturalismo	1947
Abordagem Sistêmica	1951
Abordagem Sociotécnica	1953
Abordagem Neoclássica	1954
Abordagem Comportamental (Behaviorista)	1957
Abordagem Contingencial	1972
Organizações de Aprendizagem/Conhecimento	1990

Adaptado de Chiavenato, I. Introdução à teoria geral da administração

Essas datas não são absolutas, são apenas marcos referenciais para mais ou menos balizar o entendimento do leitor, até porque é impossível definir com exatidão quando começam a ganhar relevância as idéias de uma nova escola e quando começam a perder importância. Ressalte-se, por exemplo, que por mais moderna que seja uma linha de montagem, ela continua a utilizar os mesmos princípios da Administração Científica. Em toda grande empresa estão ainda presentes vários princípios da Teoria Neoclássica e, por mais que se tenha tentado, até agora não se conseguiu construir e fazer funcionar uma estrutura organizacional que esteja completamente livre dos conceitos da burocracia.

Os conceitos embutidos em cada uma dessas escolas são inúmeros e podem ser combinados entre si para gerar uma estratégia única de atuação, customizada para cada organização. Essa facilidade de misturar uma abordagem com outra, ou partes, abre um campo infinito de estudo e possibilita ao administrador encontrar sempre novas técnicas e métodos inovadores e criativos. Não é à toa que tanto se escreve sobre gerência, pois o assunto é inesgotável e basta ter um pouco de criatividade para descobrir novas prescrições organizacionais. Assim como o alfabeto, que com 25 letras, permite-nos escrever uma quantidade infinita de palavras, a TGA, com pouco menos de uma dúzia de abordagens, fornece material suficiente para infinitas combinações. É muito fácil identificar nas modernas técnicas de gestão (**empowerment**, terceirização, qualidade total, reengenharia, **downsizing, rightsizing** etc.) a base de TGA que sustenta todas essas idéias.

3.3. AS VARIÁVEIS DA TEORIA GERAL DA ADMINISTRAÇÃO

As organizações de forma geral exigem que quase todos os seus membros incorporem às suas respectivas atribuições básicas do dia-a-dia, algumas tarefas administrativas típicas, mas isso acontece também no plano pessoal: administrar a quantidade de papéis em sua mesa, seu tempo, seu salário de modo que cubra todos os gastos mensais, vagas da garagem do condomínio etc. Isso, quando não somos escolhidos, mesmo se for informalmente, para alguma função que exige ainda por cima liderança, comunicação, planejamento: síndico, representante de classe, churrasqueiro do dia, organizador de festa ou encontros, entre outras.

De qualquer forma, qualquer que seja a situação, a TGA irá lidar com apenas cinco variáveis básicas: pessoas, tarefas, estrutura, tecnologia e ambiente. Isso de certo modo até que facilita as decisões acerca de qual teoria deve ser aplicada a um problema em especial, pois a análise das variáveis envolvidas nos dá um bom norte a seguir.

Por estar presente em todas as atividades humanas, a TGA exige dos administradores uma formação muito ampla, a fim de que possa compreender com clareza as complexidades do ambiente e as inter-relações entre as variáveis mencionadas. Um administrador completo, deve ser um especialista com formação básica geral, ou de outra forma, deve saber como ninguém sobre determinado assunto, mas precisa conhecer em profundidade todas as demais disciplinas relacionadas com aquele contexto, pois só assim terá a visão sistêmica do todo.

A velocidade das mudanças e o desenvolvimento de novas tecnologias implica ainda na necessidade de gerenciar uma quantidade enorme de informação, que precisa ser filtrada a fim de evitar perda de tempo com dados inúteis. Esse tem sido um dos maiores desafios enfrentados pelos gerentes e administradores: escolher, de uma enorme gama de fontes de informações disponíveis, aquelas que realmente podem ter alguma relevância e, uma vez selecionadas, garimpar dentro dessas fontes, as informações que venham agregar algum valor ao conhecimento anterior. Quem tem o hábito de pesquisar na internet, sabe exatamente do que estamos falando.

A globalização dos mercados que se acelerou nos últimos anos, as comunicações instantâneas e a volatização do capital impõem novas configurações organizacionais capazes de sobreviver nesse meio ambiente extremamente confuso e imprevisível. Isto requer da TGA uma capacidade crítica e de adaptação até então desconhecida pelos teóricos da administração. Mas o que podemos afirmar, com certeza, é que até agora a Teoria Administrativa tem sido o único porto seguro para aqueles que são responsáveis pela definição do futuro de suas organizações, oferecendo-lhes sempre alternativas para enfrentar a incerteza e os mais complexos desafios do mundo dos negócios.

3.4. A RESPONSABILIDADE SOCIAL DA TEORIA GERAL DA ADMINISTRAÇÃO

Desde que surgiu há cerca de 100 anos, a TGA vem trazendo enormes benefícios para a humanidade como um todo. Não teríamos ido à lua e incorporado tanta tecnologia útil ao nosso dia-a-dia, se não fosse pela administração competente do programa espacial, que soube como ninguém cumprir metas e alcançar objetivos.

São claros os ganhos que os empresários, quer sejam industriais ou comerciantes alcançaram: lucros crescentes, custos decrescentes, maior produtividade, elevação dos níveis de oferta e demanda, entre outros. Também a sociedade vem usufruindo de outras tantas benesses: produtos e serviços melhores, com maior qualidade, mais confiabilidade, menos danos ao meio ambiente etc. Aliás, desde a Revolução Industrial que a produtividade vem crescendo no mundo todo garantido uma democratização no acesso aos produtos industrializados, embora ainda estejamos longe da situação ideal querida por todos.

O ponto nevrálgico dessa discussão é a questão da alienação do trabalhador, segundo o jargão socialista, que não estaria obtendo um retorno à altura de sua contribuição para o processo produtivo. Ora, não podemos esquecer que foi graças à aplicação da TGA, através das mais diversas técnicas administrativas e metodologias de gestão, que o salário real aumentou, as condições de trabalho melhoraram e a horas efetivamente empregadas na produção diminuíram, mesmo com a produtividade crescendo. Ninguém pode ser tão inocente para acreditar que esses ganhos foram provenientes exclusivamente do poder de mobilização da classe operária através dos sindicatos. A verdade é que sem aumento na produtividade não há como garantir ganhos reais de salários e benefícios.

Tabela 3.2. Média de Vida x Anos de Trabalho.

ANO	MÉDIA DE VIDA (1)	ANOS DE TRABALHO (2)	PORCENTAGEM 2/1
1850	30	21	70,00%
1900	39	17	43,58%
1970	57	11	19,29%
2000	80	9	11,25%

Adaptado de Masi, Domenico: *O Futuro do Trabalho*.

A Tabela 3.2 mostra claramente que a partir da Revolução Industrial a expectativa de vida do ser humano vem crescendo a taxas impressionantes, enquanto que o tempo gasto com o trabalho vem diminuindo. Considerando o período completo, pode-se concluir que enquanto a média de vida subiu 266,67%, a quantidade de tempo dedicada ao trabalho caiu em 57,14%. Em outras palavras, quanto mais se vive menos se trabalha. Isto trouxe ganhos inequívocos para o trabalhador: mais tempo de lazer, com a família, para educação, para dedicação a outras atividades etc.

Há alguns raciocínios tacanhos que afirmam que a saída do homem do campo para as cidades só lhes trouxe prejuízos. Ora, é bom lembrarmos que quando ocorreu isso, o trabalhador estava trocando a servidão no campo, fosse ele servo ou empregado rural, por uma situação de independência que até então não tinha experimentado, pois sempre estivera preso aos seus senhores por laços mais opressores e rígidos que um salário mensal. Aqueles que eram pequenos proprietários produtores, não deixaram suas terras e se o fizeram foi por opção própria. Ainda hoje vemos isso acontecer aqui no Brasil. O migrante nordestino que deixa sua terra e vai morar em uma favela dos grandes centros é aquele que está passando fome, sem nenhuma perspectiva de melhora. Quando chega à metrópole, mesmo não tendo onde morar, acha o que comer, enquanto que lá, na sua terra de origem, nem isso conseguia. Aquele que tem a mínima condição de sobrevivência, não deixa sua terra. Naturalmente que os traumas da mudança foram profundos, pois trataram-se de alterações radicais na estrutura social da época, mas numa avaliação isenta posterior, vemos que a aplicação de métodos e técnicas baseadas na Teoria Administrativa também trouxe ganhos enormes para o operário. Não nos esqueçamos que a classe média nasceu nas linhas de montagem das fábricas de Henry Ford I. A problemática, nesse caso, é outra que não a aplicação da racionalidade ao trabalho, de modo que não vale a pena, aqui estender esse assunto.

Dessa forma, a TGA vem desincumbindo-se com sucesso de sua responsabilidade social, ao garantir ganhos equivalentes a todos os envolvidos no processo produtivo. Talvez o que venha faltando, seja as empresas assumirem também sua *responsabilidade social*, ou seja, participarem ativamente e promoverem ações que visem a melhorar as condições de vida da comunidade em que se inserem. Essa é a grande diferença, pois enquanto todas as empresas têm suas funções sociais de oferecer empregos, produzir produtos e serviços com qualidade, pagar impostos, contribuir com a formação do trabalhador, poucas são aquelas que também assumem uma responsabilidade social, como por exemplo, uma empresa de produtos de higiene que se responsabiliza pela saúde bucal de uma comunidade infantil carente. É bom lembrarmos que no fundo isso não é nenhum favor, pelo contrário, rende imensos dividendos em forma de imagem positiva da empresa junto ao mercado.

É importante que as empresas que queiram continuar operando e produzindo no século XXI assumam de vez não só a função social, mas principalmente a responsabilidade social, pois é isso que a sociedade está a exigir. Hoje já se vêem produtos líderes de mercado desaparecerem "somente" porque sua produção estava causando danos ao meio ambiente. Isto é fruto de um maior nível de informação e conscientização da classe consumidora, o que só foi possível porque a racionalização do trabalho ofereceu à população em geral mais tempo para se informar e se preocupar com outras coisas que não apenas o recebimento do salário no fim do mês para garantir a sobrevivência imediata até o mês seguinte.

Em pouco tempo, a participação ativa das empresas no chamado terceiro setor, constituir-se-á numa verdadeira estratégia de sobrevivência e permanência no mercado, pois organizações só existem para atender necessidades humanas e nesse caso, a exigência parte da sociedade como um todo, que quer empresas cada vez mais confiáveis, sérias, responsáveis e comprometidas com seus clientes.

Administração Científica

CAPÍTULO 4

4.1. FREDERICK WINSLOW TAYLOR

F. W. Taylor, nasceu em *Germantown*, na cidade de Filadélfia, no estado americano da Pensilvânia, em 20 de março de 1856. Descendente de uma tradicional família quaker inglesa, estudou em colégios europeus e de volta aos EUA na *Philips Exeter Academy*. Aos 18 anos desistiu de estudar e arrumou trabalho como aprendiz em uma oficina mecânica chamada *Sharpe*. Quando terminou sua aprendizagem em 1878, empregou-se na *Midvale Steel Company*, uma grande siderúrgica da época.

Pouco depois já ocupava o cargo de contador, depois torneiro, capataz, mestre dos tornos, chefe de seção, contramestre e chefe de oficina, quando então, após três anos de intenso trabalho conseguiu dobrar o rendimento das máquinas sob sua supervisão, arranjando muitos inimigos entre os operários que estavam acostumados a um ritmo mais leve na produção.

Em 1880 matriculou-se no curso de Engenharia do *Stevens Institute*, formando-se cinco anos depois. Em 1896 foi contratado pela *Bethlehem Steel Works* com a missão de melhorar os métodos de trabalho empregados nos diversos setores da fábrica. Três anos depois, ele tinha reduzido a 140 homens a força de trabalho que antes era de 400 até 600 homens para fazer o mesmo trabalho e reduzido o custo de manipulação do material de 7-8 centavos por tonelada para 3-4 centavos, economizando 78.0000 dólares por ano.

Em 1903 escreveu *Administração de Oficinas* (*Shop Management*), em 1906 além de ter publicado *A Arte de Cortar Metais*, foi eleito presidente da Associação Americana de Engenheiros Mecânicos, em 1911, já famoso, publicou *Princípios de Administração Científica* vindo a falecer quatro anos depois.

Taylor que era conhecido por sua vontade férrea, dedicação, pertinácia e meticulosidade foi o criador da Administração Científica, assim chamada porque trata-se da primeira tentativa de aplicar métodos científicos ao trabalho.

4.2. OS PRINCÍPIOS DA ADMINISTRAÇÃO CIENTÍFICA

O primeiro livro escrito por Taylor sintetiza a Administração Científica nos seguintes termos: a administração deve pagar altos salários e conseguir baixos custos de produção; métodos científicos devem ser aplicados para estabelecer princípios e padronizar processos; os empregados devem ser criteriosamente selecionados e cientificamente adestrados de acordo com a tarefa que vão realizar; administração, operários e patrões devem cultivar um clima de cooperação e colaboração, pois, afinal, os objetivos de todos é comum, ganhar mais.

No seu livro seguinte (*Princípios de Administração Científica*) ele diz que as empresas, em média, produzem apenas 1/3 do que poderiam, principalmente devido a erros dos trabalhadores, falta de conhecimento dos tempos e rotinas de trabalho por parte da administração e métodos ineficientes e dispendiosos.

Para solucionar todos esses problemas, ele propunha a adoção dos elementos da Administração Científica, quais sejam: estudo de tempos e padrões de produção, supervisão funcional, padronização dos equipamentos utilizados na produção, planejamento das tarefas e dos cargos, princípio da exceção, utilização de instrumentos e cálculos para economizar tempo, fichas de instrução detalhando as tarefas, prêmios de produção, classificação da matéria-prima, estabelecimento de um clima de cooperação entre administração e operários.

Com a Administração Científica, estabeleceu-se formalmente a separação entre a gerência, que teria a responsabilidade pelo planejamento e pela supervisão do trabalho, e o trabalhador, a quem caberia tão somente cumprir o que havia sido planejado, pois não tinha capacidade nem instrução para aprimorar métodos e melhorar o seu próprio trabalho.

O sistema de controle, baseado no princípio da exceção, era extremamente simples pois preocupava-se apenas com os desvios dos padrões normais, ou seja, com as exceções, permitindo uma agilização também nos processos de inspeção e controle de qualidade.

4.3. A ORGANIZAÇÃO RACIONAL DO TRABALHO

A Administração Científica tinha principalmente o objetivo de eliminar desperdícios e adaptar o homem à tarefa. Sua aplicação trouxe enormes vantagens à execução do trabalho, entre as quais, podem-se citar: eliminação de movimentos inúteis, racionalizou o recrutamento e a seleção do trabalhador, melhorou a eficiência do trabalhador, aumentou a produtividade, evitou períodos de ociosidade e picos de sobrecarga na execução do trabalho, melhorou a remuneração do trabalhador, facilitou o estabelecimento dos custos e definição de um preço de venda mais consistente.

Figura 4.1

FATORES	SISTEMA ANTIGO	ADMINISTRAÇÃO CIENTÍFICA
Número de trabalhadores	400 a 600	140
Média de toneladas por homem e por dia	16	59
Média de remuneração por dia e por homem	$ 1,15	$ 1,88
Custo médio do carregamento de uma tonelada de 2.240 lbs.	$ 0,072	$ 0,033

Resultados de três anos de trabalho na Bethlehem Steel (*Princípios de Administração Científica*, Atlas, São Paulo, 1966, p. 83, 6ª ed.

Taylor só alcançou esses resultados notáveis para a época porque era um experimentador incansável. Na *Bethlehem Steel*, ele distribuiu cronômetros para todos os supervisores e realizou mais de 30.000 experiências nas quais foram manipuladas mais de 400 toneladas de ferro.

Por incrível que pareça, no final das contas, Taylor era malvisto tanto pelos empregados como pelos empregadores. Os sindicatos, que defendiam seu poder sobre o trabalho até então bastante artesanal, fizeram tanta campanha contra os métodos tayloristas que o congresso americano proibiu o uso de cronômetros em órgãos públicos de 1913 até 1947. Já os patrões não admitiam a idéia de dividir seus lucros crescentes com seus empregados e deram a Taylor a pecha de criador de casos e socialista.

4.4. O ESTUDO DA FADIGA

Para Taylor, o estudo da fadiga humana era de fundamental importância, pois os tempos de descanso não podiam ser exagerados sob pena de ociosidade nem tampouco insuficientes, pois corria-se o risco de extenuar o trabalhador e parar a produção. Segundo ele, "por todo o tempo em que o homem está sob o esforço de sustentar peso, os tecidos de seus músculos experimentam alterações e há a necessidade de repetidos períodos de descanso para que o sangue possa fazer voltar esses tecidos à sua situação normal" (Taylor, *Princípios de Administração Científica*, Atlas, p. 73, 1966).

A fadiga leva à diminuição da produtividade e da qualidade do trabalho, perda de tempo, doenças, acidentes, afastamentos etc. Portanto, o estudo da fadiga humana visava a evitar movimentos inúteis e economizar esforço e energia, através da disposição física dos materiais e equipamentos, desempenho das ferramentas e utilização do próprio corpo humano de maneira ótima.

O ambiente de trabalho passou, nesse contexto, a exercer fundamental papel no desempenho do trabalhador. O leiaute, ou planta da produção, deveria ser de tal forma que contemplasse aspectos amplos, desde a iluminação, racionalização do fluxo de processamento, ventilação, nível de barulho e projeto dos equipamentos. Tudo era planejado para cansar o mínimo possível o operário e mantê-lo sempre concentrado no trabalho que estava realizando.

4.5. A DIVISÃO E ESPECIALIZAÇÃO DO TRABALHO

A busca por maior produtividade e a utilização dos métodos de Taylor levou à decomposição do trabalho em partes cada vez menores e mais específicas. Os operários deixaram de executar uma tarefa completa para fazerem apenas parte da tarefa, que seria completada com a soma do trabalho de cada um, que podiam desempenhar as partes da tarefa em paralelo (ao mesmo tempo) ou em série (um após o outro).

Assim, a tarefa passou a denominar a menor unidade de trabalho numa organização e cargo a um conjunto de tarefas desempenhadas rotineiramente. Logo, um cargo pode ter vários ocupantes ao mesmo tempo, o que é a situação mais comum hoje em dia. Essa simplificação do trabalho permite obter-se um desempenho ótimo com um mínimo de treinamento e um máximo de supervisão.

O planejamento ou desenho de cargos e tarefas feito de maneira cuidadosa e acurada diminui erros, refugos, rejeições e desconformidades, facilita a supervisão e permite a contratação de pessoas com pouca ou nenhuma qualificação.

O trabalho dos operários era cronometrado e decomposto numa análise minuciosa para identificar todos os movimentos inúteis e eliminá-los. Assim, cada trabalhador recebia instruções precisas e detalhadas sobre o que deveria fazer e a preparação dos materiais era separada da execução propriamente dita, a fim de poupar o máximo possível de tempo no processo de produção. Destarte, o trabalhador era um especialista, que sabia cada vez mais sobre a mesma coisa e cada vez menos sobre coisas diferentes.

Todos os equipamentos e materiais eram padronizados para evitar qualquer dúvida na hora da escolha bem como diferenças no produto final causadas por fôrmas ou métodos diversos. Para manter o trabalhador motivado e buscando sempre índices cada vez maiores de produtividade, ofereciam-se prêmios e incentivos de produção.

4.6. O HOMO ECONOMICUS

A Administração Científica trabalha sobre um modelo conceitual de ser humano bastante limitado. Considera que a razões e motivações do homem podem ser facilmente entendidas em termos de recompensas e incentivos financeiros. As pessoas, segundo os teóricos dessa escola, só trabalham para evitar a inanição, pois são naturalmente preguiçosas, mesquinhas e limitadas sendo, portanto, diretamente responsáveis pelos problemas de desperdícios e baixa produtividade das empresas.

Dessa forma, os engenheiros dessa escola procuravam aplicar os princípios da racionalização, padronização, normatização dos procedimentos a todas as situações empresariais, buscando sempre conseguir aumentar a eficiência em todas as áreas produtivas.

Através do planejamento, substituíam a improvisação e a prática do trabalhador por métodos cientificamente aprovados. Além disso, por meio de rigorosa seleção e treinamento, procuravam o homem de 1ª classe, aquele que se adaptava perfeitamente ao trabalho.

O controle era exercido de forma cerrada e constante, para certificar-se de que tudo estava sendo feito exatamente como fora planejado, dividindo-se criteriosamente as atribuições e responsabilidades.

Taylor teve inúmeros seguidores, dos quais destaca-se Harrington Emerson (1853-1931), que propôs uma simplificação dos métodos da Administração Científica e continuou a divulgação dos princípios dessa escola mesmo após a morte do mestre. Ele é considerado o precursor da Administração por Objetivos, uma vez que propôs, de forma pioneira, o planejamento dos objetivos de acordo com os ideais da empresa, remuneração proporcional ao trabalho e a manutenção de registros atualizados, precisos e disponíveis.

4.7. FORDISMO

Henry Ford I, que já foi mencionado no Capítulo 2, revolucionou a estratégia comercial de sua época ao fabricar, baseado nos princípios da Administração Científica, um veículo popular e oferecer assistência técnica.

Ford iniciou sua vida como mecânico e chegou a engenheiro-chefe, mas em 1899 projetou um veículo autopropelido e, junto com alguns colegas, abriu uma fábrica que fechou logo depois. Não desanimou, conseguiu um empréstimo e fundou a Ford Motor Company. Em 1907 produziu o modelo T, extremamente barato em comparação aos demais modelos disponíveis no mercado, que tinham um preço equivalente, nos dias de hoje, a um avião bimotor. Vendido a US$ 750,00, equivalia a cerca de 4 anos de trabalho de um operário. Nessa época poucos médicos, por exemplo, ganhavam mais que US$ 500,00 por ano.

Em 1913, a Ford já fabricava 800 carros por dia e no ano seguinte, com o intuito de que todos seus empregados também pudessem comprar um carro de sua empresa, Henry Ford dobrou o salário mínimo por conta própria, criando com isso um novo mercado consumidor.

Sua atitude, analisada com mais calma, mostra uma acurada visão de longo prazo e fina sensibilidade estratégica, pois além de ter aumentado a demanda, garantiu a melhoria da qualidade de seus produtos, pois agora os empregados tinham vontade de fazer os veículos da melhor forma possível, uma vez que poderiam ser eles mesmos a comprar o carro que haviam produzido. Antes o veículo era um sonho impossível de realizar, portanto, que comprometimento poderia se esperar de alguém que faz algo que nunca vai poder ser seu? Agora, o empregado produzia e sabia que futuramente também ele, um parente ou amigo, seria dono de um moderno modelo T, portanto, era questão de honra fazer algo que não maculasse sua imagem junto aos conhecidos. Essa percepção dos valores psicológicos dos empregados, antecipou as idéias e conclusões da Teoria de Relações Humanas que ganhou notoriedade a partir da década de 1930.

Em 1926, a Ford era um conglomerado de 86 usinas, empregava 150.000 pessoas e fabricava 2.000.000 de veículos por ano, produzindo desde a matéria-prima até o produto final (concentração vertical), além de realizar a distribuição do produto por meio de uma rede de agências próprias. O minério saía de uma das minas da Ford e três dias depois já estava à disposição do consumidor em forma de produto acabado, permitindo que a empresa recebesse o valor do veículo antes mesmo de ter que pagar os custos de produção.

Tudo isso só foi possível porque Ford desenvolveu a produção em massa, na qual a progressão do produto através do processo produtivo é planejada, ordenada e contínua. O trabalhador deixa de ter que ir buscar a sua tarefa, que vem até ele em um ritmo constante. Nesse sistema, diminui-se o tempo de produção devido à disponibilização imediata da matéria-prima e dos equipamentos à mão do operário e a produtividade é ainda mais incrementada por meio da especialização. A economia também é muito grande porque quase não há estoque de matéria-prima.

4.8. CONCLUSÕES

Essa é uma abordagem extremamente mecanicista, baseada mais na intensificação do trabalho que na sua racionalização e que restringe-se quase exclusivamente às tarefas, esquecendo-se das complexidades do fator humano, deixando de lado as variáveis informais da organização.

Do ponto de vista do operário, há uma desvalorização, pois o trabalho desqualificado foi disseminado, diminuindo as oportunidades de desenvolvimento intelectual do trabalhador.

Pode-se dizer também que é uma abordagem de sistema fechado, pois não dá a mínima importância para as variáveis provenientes do meio ambiente, achando-se capaz de fornecer soluções prontas para todo e qualquer problema fabril.

No entanto, não se pode deixar de reconhecer que só depois de Taylor, que mostrou a importância de se racionalizar a produção, é que a produtividade começou realmente a crescer no mundo desenvolvido e vem mantendo taxas de 3,5 a 4,0% a.a. O Japão e os tigres asiáticos, segundo Peter Drucker, devem a Taylor toda sua ascensão no mundo globalizado de hoje, uma vez que os princípios da Administração Científica possibilitou a esses países dotar sua força de trabalho pré-industrial e de baixos salários com uma produtividade e qualidade de classe mundial. Podemos até mesmo dizer que a Administração Científica é que ganhou a Segunda Grande Guerra Mundial para os Estados Unidos ao viabilizar a transformação, em menos de 90 dias, de sua força de trabalho constituída de mulheres e antigos operários de idade avançada, em hábeis soldadores e construtores de navios (Drucker P., *Sociedade Pós-Capitalista*).

Esse aumento de produtividade permitiu ao trabalhador gozar de maiores salários, mais horas de lazer e melhor qualidade de vida que em qualquer outra época de nossa história. Assim, Taylor e sua Administração Científica ocupam um lugar de honra na história administrativa e econômica mundial, bem como permanece a validade de seus vários princípios e métodos em diversas áreas do trabalho humano.

A Burocracia
CAPÍTULO 5

5.1. MAX WEBER

Economista, sociólogo e filósofo alemão (1864-1920) que inclusive participou da comissão que elaborou a Constituição da República de Weimar (1919), negou qualquer monocausalidade dos fenômenos sociais. Ao escrever *A Ética Protestante e o Espírito do Capitalismo* em 1905, onde defendia uma tendência à racionalização progressiva da sociedade moderna, realizou extensos estudos de história comparativa e foi um dos autores mais influentes no estudo do surgimento e do funcionamento do capitalismo e da burocracia. Seu método consistia na elaboração de tipos ideais, e a burocracia seria o tipo ideal de organização, que permitissem melhor conhecimento dos fenômenos estudados.

Burocracia (do francês, bureaucratie, bureau, oficina, escritório) significa originalmente o poder dos membros do aparelho Administrativo Estatal ou não. As primeiras burocracias rudimentares já eram identificadas nos impérios Assírio, Babilônico, Egípcio, Romano e Chinês, portanto há mais de 4.000 anos. No entanto, é com a Igreja Católica, que herdou do Império Romano seu aparelho administrativo, que a burocracia começou realmente a se desenvolver e dominar como paradigma administrativo mundial.

Weber chamava as antigas burocracias de patrimoniais, muito menos eficientes que as modernas burocracias, ditas capitalistas que, também segundo o sociólogo alemão, seriam a expressão máxima e concreta da racionalidade capitalista ao adequarem corretamente os meios aos fins. Para os socialistas, no entanto, a burocracia representava sério perigo para o trabalhador por ser um instrumento administrativo relativamente autônomo, com metas e objetivos nem sempre favoráveis à classe trabalhadora.

Weber classificou, para fins de compreensão do desenvolvimento do modelo burocrático de organização do aparelho administrativo, a sociedade e a autoridade de acordo com a seguinte tipologia.

TIPO	SOCIEDADE	PODER
TRADICIONAL	Patriarcal (família, medieval)	Herdado (tradição, costume)
CARISMÁTICA	Personalística (partidos)	Delegável ("heroísmo")
BUROCRÁTICA	Normas impessoais	Meritório (regras, padrões)

Com o surgimento do capitalismo e o desenvolvimento de uma economia cada vez mais monetarizada e o conseqüente aumento da complexidade das tarefas administrativas, a burocracia, por suas superiores qualidades técnicas como modelo de aparelho administrativo, encontrou as condições ideais para seu crescimento. James Burnham (1905-1987), sociólogo norte-americano, chegou mesmo a defender em seu livro *A Revolução dos Gerentes*, de 1941, que a evolução do capitalismo levaria ao *gerencialismo*, sistema no qual os tecnocratas é que deteriam o poder.

5.2. CARACTERÍSTICAS DA BUROCRACIA

A burocracia será aqui discutida em conformidade com a definição de Weber, ou seja, trata-se da forma mais racional, lógica e eficiente de organização jamais conhecida pela humanidade. Nesse sentido, dentro de uma burocracia perfeita não existe lugar para "achismo" pois tudo está devidamente previsto em suas normas e regulamentos que constituem a legislação escrita da organização.

A comunicação burocrática também segue rígidos padrões: tem de ser sempre escrita, de acordo com modelos e formulários próprios. Não pensemos que essa forma de comunicação está ultrapassada e os contatos pessoais estão substituindo os famosos memorandos, pois, muito pelo contrário, o que vem ocorrendo é apenas uma incorporação no nosso dia-a-dia de uma nova tecnologia que elegeu o e-mail (forma de comunicação escrita, registrada e padronizada pelo fabricante de software), como o meio de comunicação número um das empresas modernas, nada mais característico do espírito burocrático.

O trabalho é perfeitamente dividido e os cargos muito bem desenhados para regular nos mínimos detalhes o desempenho e o comportamento do ocupante de determinada função. Os empregados deixam de ser reconhecidos por características pessoais e valorizados por habilidades específicas, pois o que realmente importa é o cargo que se exerce. Tanto é que ninguém é conhecido pelo nome, mas pelo cargo, não se diz: "Sr. José chamou-me, mas *o chefe chamou-me*", "*ou vou entregar esses papéis para a auxiliar administrativa* e nunca para a Dona Fulana". As pessoas entram e saem, pois são apenas mais um colaborador temporário da burocracia e pouco ou nada fica delas, mas os cargos, por sua vez, são permanentes estão sempre lá. O seu João saiu, mas o porteiro sempre estará lá, quer seja João, José ou Jair, não importa, não são as pessoas que fazem a burocracia funcionar, mas os cargos.

A hierarquia é rígida e inflexível, sempre respeitada, está presente em todas as relações burocráticas e não permite nunca que um único cargo fique sem controle ou supervisão. De fato, essa hierarquia é reforçada pela meritocracia, pois só se pode alcançar degrais hierárquicos mais elevados, baseado no conhecimento técnico e na reconhecida competência, portanto, quem manda é quem realmente mais entende do assunto acerca do qual vai decidir.

Todo empregado é um especialista e o administrador nessa conjuntura assume papel relevante, pois é o especialista burocrático por excelência, capaz de gerir o aparelho administrativo com máxima eficiência.

As regras e normas são a essência da organização burocrática pois funcionam como uma forma de comunicação permanente, evitando a emissão contínua de ordens. São aquelas também que legitimam a autoridade, o poder, os padrões bem como as punições e sanções.

Uma vez que tudo e todos devem se comportar de acordo com as normas, é fácil perceber que a essência da burocracia reside na previsibilidade e padronização do desempenho de seus participantes. Ou seja, a burocracia lida muito bem com a certeza, mas quando tem que enfrentar as incertezas de um ambiente em rápido processo de mudanças, ela encontra sérias dificuldades e nem sempre consegue reagir no tempo certo.

No entanto, não se pode deixar de reconhecer grandes vantagens no modelo burocrático, que em menor ou maior grau está presente em todas as grandes organizações empresariais modernas: uniformidade de procedimentos, racionalidade, estabilidade, menos conflitos entre as pessoas (são os cargos que se relacionam), decisões confiáveis (baseiam-se em sucessos anteriores), promoções e crescimento conforme o mérito e os conhecimentos de cada um, adequação lógica dos meios aos fins, funcionalidade, enfim, trata-se de um modelo extremamente adequado para organizações grandes e complexas que se encontram em um contexto de estabilidade.

5.3. OS EXCESSOS BUROCRÁTICOS

Há que se aceitar, não obstante as vantagens citadas, que as burocracias sofrem de graves males organizacionais e têm uma tendência natural para se transformarem em fins em si mesmas. Há o perigo real, e geralmente isto acontece, de que as normas e regulamentos adquiram o caráter de dogma, tornando-se imutáveis, acima de qualquer crítica, análise ou atualização. Tudo muda, o mundo muda, as pessoas mudam, mas a rotina continua a mesma, porque as normas não sagradas, ninguém mexe com elas e as coisas começam a deixar de funcionar porque as normas ao invés de agilizarem o trabalho, agora servem para atrapalhar. Mesmo assim, a organização não muda, não enxerga que precisa deixar o passado para trás.

É comum também o excesso de papel e pode-se talvez até dizer que o maior e mais importante produto da burocracia é a papelada. Alguns burocratas até avaliam a produtividade de seus subordinados pela quantidade de papel que produzem. Se uma organização burocrática típica for encontrada daqui a milhares de anos por um arqueólogo que nada soubesse da empresa e lhe perguntassem que faziam as pessoas que trabalhavam naquele local, com certeza ele responderia: "fabricavam papel, tratava-se de uma fábrica de papel!"

Na burocracia típica não há muito espaço para a criatividade e iniciativa individual, pois tudo já está previsto e novas idéias não são apreciadas, aliás, nada que implique em mudança das rotinas é bem aceito. Nesse contexto, o cliente deixa de ter a importância que merece, pois em última análise, a burocracia existe para ser eficiente e isso significa seguir procedimentos que não podem ser alterados, e não para atender exigências de clientes.

O grande dilema da burocracia é justamente superar as suas disfunções que a levam inevitavelmente à ineficiência, justamente ao contrário do que prevê as normas e rotinas burocráticas. De fato, pode-se afirmar que a burocracia tem uma grande dificuldade em lidar com as conseqüências não previstas de seu próprio modelo.

Nem mesmo o próprio Weber previu uma habilidade burocrática de adaptação à mudança. Somente em 1942 é que Phillip Selznick demonstrou através do estudo de empresas burocráticas, que esse modelo de organização tem uma capacidade adaptativa bastante singular, que pode ser facilmente perceptível quando entra em jogo a sobrevivência organizacional. Na verdade, não deixa de existir dentro da burocracia uma viva e ativa organização informal, composta de relacionamentos humanos não previstos, que age como impulsora de mudanças fazendo com que a burocracia não seja, de fato, rigidamente imutável. Na realidade, o que existe são empresas mais ou menos burocratizadas e não uma forma única e estática exatamente de acordo com modelo teórico de Weber. Assim, não se deve entender burocracia como um conceito absoluto, mas como algo extremamente relativo, ou em outras palavras, uma organização é mais ou menos burocrática em relação a uma outra tomada como padrão de comparação.

5.4. CONCLUSÕES

A maior fraqueza da Teoria Burocrática talvez seja o fato de estar muito voltada para dentro da própria organização e desconsiderar quase que completamente o ambiente externo. Esse aspecto nos permite entender a organização como um sistema fechado, mecânico, totalmente previsível, isolado do meio externo, o que sabemos, é impossível de ocorrer na vida real. Aliás, nem mesmo a organização informal, presente dentro de todas as organizações, é considerada por Weber em seu modelo ideal.

Uma outra fragilidade do modelo burocrático é que não permite às pessoas o autodesenvolvimento e o amadurecimento causados por riscos assumidos e novas experiências. Pelo contrário, desenvolve um certo comodismo e indolência profissional, pois leva as pessoas a acreditarem que fazendo apenas o que diz a norma, elas já garantiram sua tão sonhada aposentadoria.

Não obstante, temos que considerar a importância fundamental do modelo burocrático para o desenvolvimento político, social e econômico do ser humano, pois desde os tempos dos primeiros grandes impérios, ainda em sua forma mais rudimentar, e até hoje, a burocracia tem sido a única maneira efetivamente eficiente de se reunir meios para atingir objetivos complexos.

Por mais que se condene hoje a burocracia, temos que entender que as críticas estão voltadas para os excessos burocráticos e não para o modelo em si. Apenas leigos em Administração confundem as organopatias burocráticas com a Teoria propriamente dita. Trata-se de um modelo que vem dando certo há mais de 4.000 anos e mesmo com suas dificuldades adaptativas, vem conseguindo moldar-se sempre às necessidades de sua época.

Tentemos imaginar uma organização qualquer com 0% (zero por cento) de burocracia, ou seja, sem nenhuma regra, sem qualquer padrão, hierarquia inexistente, só com procedimentos aleatórios, totalmente pessoal, baseada somente em preferências pessoais e subjetivas, completamente *ad hoc*. Parece um caos? É exatamente isso, um caos, impossível de se alcançar qualquer meta ou objetivo, por mais simples que seja. Não há a mínima possibilidade de a burocracia morrer, por mais inimigos que ela tenha.

Quem afirma que as novas tecnologias e as organizações virtuais estão extinguindo as burocracias está cometendo um erro crasso de percepção e se baseia apenas em senso comum desprovido de qualquer fundamentação teórica. Um bom exemplo é a internet, que segundo alguns críticos da burocracia, a estaria fazendo desaparecer, substituindo-a por um novo tipo de organização que ainda não sabem exatamente qual será. Não sabem porque é simplesmente a velha e boa burocracia adaptando-se, ainda que lentamente, ao século XXI.

Ora, a internet é sem sombra de dúvida uma burocracia por excelência, senão vejamos: consegue-se conectar à internet sem um protocolo padrão? E as velocidades de transmissão têm que ser padronizadas também? Na internet é tudo por escrito, ou não? Atualmente qual o segmento de mercado de trabalho que mais procura por especialistas? Existem relações mais impessoais que na internet? Mesmo o controle, existe na internet, pois quase se pode veicular tudo na rede, mas há um controle dos próprios usuários e dos sem número de provedores.

Mas e a hierarquia, quem tem autoridade na internet? Justamente aqueles que têm a capacidade técnica de dominá-la. Finalmente, qual o objetivo da internet? Máxima eficiência nas comunicações, no comércio, na informação etc., ou seja, exatamente o mesmo da burocracia, a máxima eficiência da organização.

Em outras palavras, não é que a burocracia esteja desaparecendo, mas tão-somente incorporando a tecnologia do novo século e adaptando-se a uma nova realidade, habilidade burocrática identificada por Selznick ainda na década de 40, como visto anteriormente. Nada mais previsível do que afirmar que a burocracia permanece, mudam apenas as organizações, o grau ou intensidade burocrático, os tipos de normas etc., mas a essência organizacional continua sendo estritamente uma burocracia. E não tenhamos medo de imaginar que ao crescer e desenvolver-se também esteja a internet sujeita a alguns excessos burocráticos, é esperar para ver.

Ou seja, quer queiramos quer não, quer aceitemos ou não, a burocracia é a melhor e talvez única maneira de se organizar, cabendo ao administrador dosar o grau, o nível, a quantidade de burocracia que deve ser adotada, pois a exemplo de um remédio receitado por um médico, que se for tomado em grande quantidade pode matar e que caso a dose seja aquém da indicada nenhum efeito irá surtir e também poderá matar, da mesma forma é a questão burocrática. Se houver excesso de burocracia, ela pode asfixiar a criatividade e a inovação na organização destruindo-a, mas por outro lado, burocracia de menos gera desperdício, confusão, desordem e descontrole que somados podem também acabar com a empresa.

Abordagem Clássica

CAPÍTULO 6

6.1. HENRI FAYOL

Henri Fayol, engenheiro de minas francês nascido em Constatinopla (atual Istambul, na Turquia), em 1841, estudou desde cedo como organizar o quadro de pessoal das grandes empresas de forma racional para alcançar maior eficiência e produtividade. Seus princípios são agrupados em uma doutrina administrativa conhecida como Fayolismo, que defende essencialmente a necessidade de bons chefes em todo o tipo de organização e atividade social.

Fayol foi diretor da metalúrgica *Société Anonyme de Comentry-Fourchambault et Decazeville* de 1888 até 1918, onde pôde desenvolver e aplicar sua teoria, que ele definia nas seguintes palavras:

> *"A administração não é nem um privilégio nem uma carga pessoal do chefe ou dos diretores da empresa; é uma função que se reparte, como as outras funções especiais, entre a cabeça e os membros do corpo social."*[1]

Ele não entendia por que na época não existia um ensino formal de administração, pois acreditava que a capacidade administrativa po-

---

[1] Fayol, H. *Administração Industrial e Geral*. São Paulo, Atlas, 1968, p. 21.

dia e devia ser adquirida, assim como acontecia com a capacidade técnica, tanto na teoria (escola) como na prática (oficinas).

As idéias de Fayol mostraram sua eficácia através dos resultados que alcançou na *Comentry-Fourchambault*, pois, não obstante todos os problemas que havia quando assumiu a gerência geral, ao aposentar-se, entregou o cargo com a empresa em situação de excelente estabilidade.

6.2. AS FUNÇÕES BÁSICAS DA EMPRESA

Do ponto de vista de Fayol, toda empresa, fosse pequena ou grande, simples ou complexa, teria seis funções básicas, que seriam:

1ª — Técnica: aquelas ligadas à fabricação de bens ou serviços, tais como produção, transformação etc.

2ª — Comercial: compra, venda, troca, permuta.

3ª — Financeira: todas relacionadas à procura e gestão de capital.

4ª — Segurança: proteção e preservação de bens e de pessoas.

5ª — Contabilidade: inventários, balanços, custos, preços, estatísticas etc.

6ª — Administrativa: responsável pela integração das demais funções, através da previsão, organização, direção, coordenação e controle.

Assim, segundo Fayol, administrar é prever, organizar, comandar, coordenar e controlar. Ele definiu ainda os termos da seguinte forma:

a) Prever é perscrutar o futuro e traçar o programa de ação;

b) Organizar é constituir o duplo organismo, material e social da empresa;

c) Comandar é dirigir o pessoal;

d) Coordenar é ligar, unir, e harmonizar todos os atos e todos os esforços; e

e) Controlar é velar para que tudo corra de acordo com as regras estabelecidas e as ordens dadas.[2]

---

[2] idem, ibidem.

Não se deve confundir administração com direção, embora muitos o façam, mesmo no meio acadêmico e na vida profissional. Direção é conduzir a empresa tendo em vista os objetivos, procurando obter o máximo retorno dos recursos disponíveis, enquanto que administrar é uma das seis funções, cujo sucesso é garantido pela direção.

6.3. AS FUNÇÕES ADMINISTRATIVAS

A previsão envolve tudo que diz respeito ao futuro da organização. É em função da previsão que a empresa vai se preparar, provisionar-se, planejar-se para enfrentar os desafios do mercado. Um bom plano deve ser flexível, abrangente e dotado de várias alternativas de ação.

Organizar é dotar a empresa de todos os elementos necessários, quer sejam materiais, quer sejam sociais, para seu perfeito funcionamento. É ter todas as coisas certas nos seus lugares certos no momento certo. Abrange o estabelecimento da forma e da estrutura organizacional, alocação de recursos, criação de órgãos, estabelecimento das relações entre eles e definição de atribuições, responsabilidade e autoridade.

Não se pode confundir organização como entidade social (empresa, associação de bairro, Igreja, ONGs, hospitais, faculdades etc.) com a função administrativa de organizar, conforme definido acima.

O comando é o que leva realmente a organização a funcionar. É mandar e se fazer obedecer no sentido de conseguir extrair de todos os empregados e recursos disponíveis, o máximo de retorno no menor espaço de tempo ao menor custo, tendo em vista os objetivos organizacionais.

A coordenação é a sintonia fina da organização. Ela é a responsável pela atuação conjunta e integrada de todos os órgãos, departamentos e pessoas visando a um objetivo geral único. Sua preocupação é harmonizar todas as atividades e facilitar o trabalho das pessoas através da sincronização entre coisas e ações, meios e fins.

Finalmente, o controle é a verificação sistemática e exaustiva para confirmar se tudo está indo conforme o planejado e caso contrário, adoção dos ajustes necessários. Seu objetivo é identificar todas as desconformidades, erros, falhas, problemas e fraquezas, corrigi-los e evitar que voltem a se repetir. Ou ainda, é comparar com um padrão estabelecido de desempenho satisfatório e adotar as medidas para manter ou adequar o resultado alcançado a esse padrão anteriormente planejado.

Há uma relação muito importante entre o nível hierárquico da organização e as funções e capacidades administrativas. Não se trata de comparar o valor de um operário com o valor de um diretor, mas tão-somente de avaliar quais são as capacidades mais importantes em cada nível hierárquico. Pode-se afirmar, por exemplo, que um diretor deve ter suas capacidades administrativas desenvolvidas ao máximo, pois a sua rotina é administrar (integrar as capacidades de planejar, organizar, comandar, coordenar e controlar) enquanto que um operário não necessita no seu dia-a-dia fazer uso constante dessas capacidades, pois a sua rotina é executar, ou seja, o importante para ele são as habilidades e conhecimentos técnicos. Assim, pode-se concluir que quanto mais alto o nível hierárquico, mais se exige a capacidade administrativa e quanto mais baixo o nível hierárquico, mais importantes se tornam as capacidades técnicas. As capacidades financeira, comercial, de segurança e contabilidade, portanto, localizam-se em maior grau de importância, nos níveis médios e altos da hierarquia organizacional.

6.4. PRINCÍPIOS GERAIS DE ADMINISTRAÇÃO

Os princípios gerais de administração estabelecidos por Fayol, são normas ou leis que, segundo seu autor, poderiam resolver todos os problemas das organizações. Se o administrador seguir esses princípios, terá condições de melhor exercer suas funções de planejar, organizar, comandar, coordenar e controlar. Os princípios são os que seguem:

1º — Divisão do trabalho: consiste basicamente na especialização das tarefas e das pessoas para produzir mais e melhor com o mesmo esforço. Se um empregado faz todos os dias a mesma coisa irá adquirir gradativamente maior habilidade, segurança e precisão.

2º — Autoridade e responsabilidade: a primeira consiste no direito de mandar e de se fazer obedecer, que pode ser regimental (inerente à função) ou pessoal (derivada das capacidades individuais).

3º — Disciplina: é o respeito à normas e convenções vigentes e consiste basicamente na obediência e na assiduidade.

4º — Unidade de comando: cada subordinado deve receber ordens de apenas um chefe, pois se houver duas pessoas exercendo autoridade sobre o mesmo serviço gera-se dualidade e a autoridade se enfraquece. Observa-se que essa regra contraria o princípio da supervisão funcional de Taylor que admitia mais de um chefe dando ordens para um único empregado.

5º — Unidade de direção: intrinsecamente ligada à unidade de comando prevê um só chefe e um só programa para um conjunto de operações que visam ao mesmo objetivo. Sem unidade de direção (um chefe, um programa), não existe unidade de comando (um operário só recebe ordens de um chefe).

6º — Subordinação do interesse particular ao interesse geral: os interesses da empresa devem estar sempre acima dos interesses grupais ou individuais, assim como os interesses de uma família estão acima dos interesses de seus membros. Para evitar o conflito de interesses, os chefes devem ser firmes e dar o exemplo, mantendo vigilância atenta sobre todos.

7º — Remuneração do pessoal: é o prêmio pelo serviço realizado, portanto deve ser eqüitativa e satisfatória para todos os envolvidos no processo: para o empregado que a recebe e para a empresa que a paga. Fayol achava que a participação nos lucros seria uma boa alternativa para tornar a remuneração mais eqüitativa, no entanto, não vislumbrava uma fórmula que viabilizasse essa possibilidade.

8º — Centralização: as ordens e a autoridade que movimentam toda a organização devem partir do topo da hierarquia. A questão de descentralizar mais ou menos depende de cada empresa e deve ser definida dentro de limites favoráveis à organização.

9º — Hierarquia é a "série de chefes que vai da autoridade superior aos agentes inferiores", ou seja, a autoridade sempre flui do escalão mais alto para o mais baixo. No caso de haver necessidade de se acelerar as comunicações, salvaguardando o princípio hierárquico, os chefes podem autorizar seus subordinados a manterem relações diretas com subordinados de outro chefe, desde que as chefias estejam cientes do que está sendo acertado.

10º — Ordem é um lugar para cada coisa e cada pessoa e cada coisa e cada pessoa em seu lugar devido. Tudo na organização deve ter o seu lugar reservado e permanecer no lugar que foi lhe designado, assim sempre saberemos onde está quem ou o quê, evitando perda de tempo generalizada.

11º — Eqüidade: para que os empregados tenham boa vontade, aplicação e comprometimento com suas tarefas, é preciso que a administração os trate com benevolência e justiça, ou seja, com eqüidade.

12º — Estabilidade da pessoa, ou do emprego a longo prazo, é a melhor maneira para desenvolver a destreza, perícia e acurácia no desempenho do trabalho, pois quanto mais se faz uma coisa, mais hábeis nos tornamos na sua execução. O trabalhador precisa de tempo para desenvolver suas aptidões. A administração japonesa fez desse princípio um de seus fundamentos.

13º — Iniciativa é a possibilidade de conceber e executar um plano, assegurando-lhe o sucesso. Portanto, a liberdade de propor e executar são elementos da iniciativa, que aumentam o zelo e o comprometimento dos empregados com a tarefa.

14º — União do pessoal: como diz o velho ditado, a "união faz a força", assim também devem se comportar os membros da organização, ou seja, deve haver um espírito de colaboração e cooperação na busca de um objetivo comum, como uma verdadeira equipe.

6.5. A CADEIA DE COMANDO E A COORDENAÇÃO

A origem da estrutura das modernas organizações industriais, segundo James Mooney, pode ser localizada nas antigas estruturas militares e eclesiásticas. As pessoas se organizam para realizar um fim comum e portanto, há imperiosa necessidade de coordenação de esforços no sentido de harmonizar e unir todas as atividades de modo a distribuir ordenadamente todas as responsabilidades do grupo. Para facilitar a coordenação, utiliza-se a cadeia hierárquica ou cadeia escalar, representada a seguir:

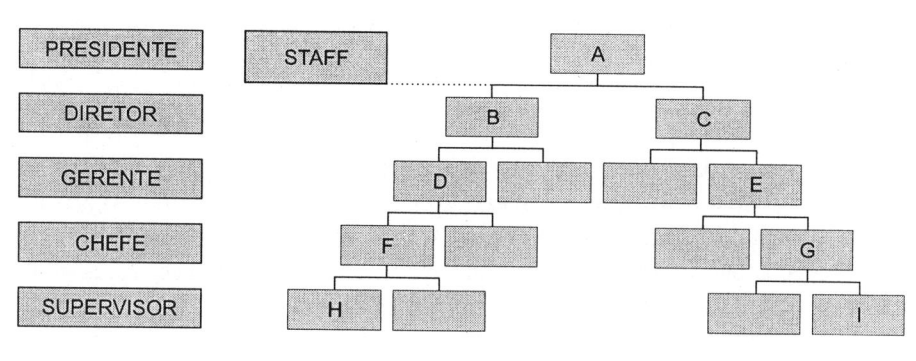

Figura 5.1. A Cadeia Escalar ou de Comando.

Esse tipo de organização linear está baseado na unidade de comando e direção, centralização da autoridade e na cadeia escalar ou hierarquia. Os órgãos que se localizam fora da cadeia, são chamados de assessoria ou staff e têm por objetivo fornecer serviços especializados estranhos aos órgãos de linha, ou seja, oferecem conselhos, recomendações, sugestões e consultoria, mas não têm poder de mando.

6.6. OUTROS AUTORES

O coronel inglês Lyndall F. Urwick, também estudioso da administração, considerou os seguintes princípios:

1º — Especialização: uma só pessoa para uma só função.
2º — Autoridade única, clara e definida.
3º — Amplitude: cada chefe deve ter um número limite de subordinados.
4º — Definição: tudo deve ser escrito e comunicado.

Além desses princípios, estabeleceu como elementos da administração a investigação, previsão, planejamento, organização, coordenação, comando e controle.

Luther Gulick dizia que a divisão do trabalho e a especialização, que podiam ser horizontais (tipos de atividades) ou verticais (de acordo com o nível de autoridade), eram a razão de ser das organizações e definiu como funções do administrador o planejamento, a organização, a assessoria, a direção, a coordenação, a informação e o orçamento.

6.7. CONCLUSÕES

A Teoria Clássica, não obstante sua fundamentação na observação e no senso comum, tem um enfoque normativo e prescritivo, visando ensinar ao Administrador como deve proceder nas mais diversas situações. Esse enfoque decorre da visão comum aos autores clássicos, para os quais se devia estudar e tratar a organização e a administração de forma científica, substituindo o empirismo e a improvisação por técnicas científicas.

O extremo racionalismo de seus teóricos, concebe a organização como um sistema fechado, o meio ideal de se conseguir obter eficiência máxima em termos técnicos e econômicos, mas esquecendo completamente de considerar o comportamento humano.

Trata-se portanto, de uma teoria bastante simplificada da organização, permitindo aos neófitos da administração uma compreensão bastante satisfatória das relações formais e da lógica organizacional.

Relações Humanas

CAPÍTULO 7

7.1. HUMANISMO NA ADMINISTRAÇÃO

A crise de 1929, a Grande Depressão, a disseminação dos princípios democráticos no mundo ocidental, a Primeira Guerra Mundial, entre outros fatores, puseram em cheque os fundamentos da Administração Clássica, uma vez que os novos problemas enfrentados pelas organizações não conseguiam ser resolvidos com a aplicação dos pressupostos de Taylor e Fayol.

A Teoria das Relações Humanas, portanto, decorre da compreensão de que é necessário adaptar o homem ao trabalho e o trabalho ao homem, sem esquecer dos aspectos de comunicação, motivação, características pessoais e de personalidade. Essa teoria representa uma democratização da administração, uma tentativa de flexibilizar a teoria administrativa até então vigente.

7.2. A EXPERIÊNCIA DE HAWTHORNE

Em 1923, Elton Mayo pesquisou em uma indústria têxtil vários sistemas de incentivo para verificar qual a relação destes com a produção. Ao contratar uma enfermeira e oferecer intervalos de descanso para os trabalhadores, verificou que o número de ausências no trabalho diminuiu 250% e que a produtividade aumentou.

Em 1924, a Academia Nacional de Ciências dos EUA iniciou estudos para comprovar, de acordo com os princípios de Taylor, qual seria a relação entre iluminação e produtividade.

Em 1927, O Conselho Nacional de Pesquisas iniciou uma experiência coordenada por Mayo em uma fábrica da Western Electric Company situada no bairro de Hawthorne, em Chicago, para determinar a relação entre iluminação e produtividade. Rapidamente essa experiência estendeu-se para avaliar outros fatores: a fadiga, a rotatividade, condições físicas em geral do local de trabalho etc. Essa experiência que durou até 1932, mostrou a influência de fatores psicológicos no trabalho. A experiência de Hawthorne, como ficou conhecida, foi dividida em quatro fases:

1ª Fase: visava identificar os efeitos da iluminação na produtividade dos empregados, mas como os empregados reagiram à experiência de acordo com suas convicções pessoais, ficou claro haver outros fatores, de difícil isolamento, que interferiam na experiência e por conseguinte, na produtividade. Na verdade, os empregados diminuíam ou aumentavam a produção conforme suas percepções de que a iluminação piorou ou melhorou, independentemente de isto ter realmente acontecido, ou seja, eles produziam como achavam que se esperava deles, e não de acordo com as condições reais de iluminação. Mayo reconheceu o fator psicológico como uma influência negativa, e passou a estudar também fatores fisiológicos (fadiga, descanso, mudanças de horário).

2ª Fase: em abril de 1927 foi escolhido um grupo de teste composto por uma moça que fornecia o material e cinco outras que montavam relés. Essas operárias eram sempre informadas dos resultados e questionadas sobre sugestões de modificações no processo. Havia ainda um supervisor e um observador. Essa segunda fase foi dividida em doze períodos:

1º período (duas semanas): foi registrada a produção de cada operária ainda no seu local original de serviço, sem que o soubesse, e estabelecida a sua capacidade produtiva em condições normais de trabalho. Essa média (2.400 unidades semanais por moça) passou a ser comparada com a dos demais períodos.

2º período (cinco semanas): o grupo experimental foi isolado na sala de provas, mantendo-se as condições e o horário de trabalho normais e medindo-se o ritmo de produção, para verificar o efeito da mudança do local de trabalho.

3º período (oito semanas): modificou-se o sistema de pagamento. No grupo experimental o esforço de produção passou a refletir diretamente no salário. A produção aumentou. No grupo de controle, muito grande (+ de 100 moças), a variação individual diluía-se na produção total e não influía no salário.

4º período: introduziu-se um intervalo de descanso de cinco minutos de descanso no meio da manhã e outro igual no meio da tarde. Verificou-se novo aumento da produção.

5º período: os intervalos de descanso foram aumentados para dez minutos cada e houve novo aumento de produção.

6º período: deram-se três intervalos de cinco minutos na manhã e outros três à tarde. Notou-se que a produção não aumentou, havendo queixas das moças quanto à quebra do ritmo de trabalho.

7º período: deram-se dois intervalos de dez minutos, um pela manhã e outro à tarde, servindo-se um lanche leve em um deles. A produção aumentou.

8º período: com as mesmas condições do período anterior, o grupo experimental passou a trabalhar somente até 16:30 horas e não até 17:00 horas. Aumentou a produção.

9º período: o trabalho do grupo experimental passou a terminar às 16:00 horas em ponto. A produção permaneceu estacionária.

10º período: o grupo experimental voltou a trabalhar até 17:00 horas e a produção aumentou bastante.

11º período: estabeleceu-se uma semana de cinco dias, com o sábado livre para o grupo experimental. Verificou-se que a produção diária das moças continuou a subir.

12º período (12 semanas): voltou-se às mesmas condições do 3º período, tirando-se todos os benefícios dados durante a experiência, com o assentimento das moças. Verificou-se que a produção atingiu um índice jamais alcançado anteriormente (3.000 unidades). As condições físicas de trabalho nos 7º, 10º e 12º períodos foram equivalentes. Contudo, a produção aumentou de um período para outro. No 11º período os resultados não foram os esperados. Não se pode inferir que não há relação entre as condições físicas e a produção, mas com certeza as variações na sala de provas afetaram o ritmo de trabalho. Era preciso determinar quais fatores estavam realmente interferindo na produção.

Essa segunda fase concluiu, então, que as moças gostavam de trabalhar na sala de provas porque era divertido e a supervisão branda, que havia um ambiente amistoso e sem pressões, onde a conversa era permitida, que elas sentiam que participavam de algo importante que traria benefícios para si e para as colegas, que não havia medo do supervisor e que as moças tornaram-se amigas fora do trabalho e aceleravam a produção quando alguma colega estava cansada. Enfim, o grupo desenvolveu liderança e objetivos comuns mesmo depois que duas moças saíram, uma das substitutas tornou-se naturalmente líder, estimulando a aumentar a produção sempre.

3ª Fase: em 1928 os pesquisadores passaram a se interessar pelo estudo das relações humanas, quando iniciou-se o programa de entrevistas para melhor compreender os sentimentos e atitudes dos empregados. Um ano depois criou-se a Divisão de Pesquisas Industriais para entrevistar todos os empregados e, em 1931, adotou-se o sistema de entrevista não-diretiva, através do qual o empregado falava livremente.

As entrevistas revelaram uma organização informal dos operários para se protegerem do que consideravam ameaças da administração contra seu bem-estar. Essa organização informal manifestou-se através de produção controlada por padrões dos operários, práticas de punição entre eles, expressões de insatisfação com o sistema de pagamento e incentivos por produção, preocupações fúteis com relação a promoções, liderança informal, contentamento e descontentamento exagerado com relação às atitudes dos superiores imediatos. Enfim, os operários se mantinham unidos através dessa organização informal que também gerava conflitos devido à lealdade prestada à empresa e ao grupo.

4ª Fase: aconteceu na sala de montagem de terminais, onde havia nove operadores, nove soldadores e dois inspetores além de um observador dentro da sala e um entrevistador fora com o objetivo de analisar a organização informal e durou de novembro de 1931 a maio de 1932. O pagamento era baseado na produção total do grupo e os pesquisadores verificaram várias artimanhas para manter a produção dentro dos níveis considerados normais pelos empregados. Quando produziam mais num dia, relaxavam no outro, ou então fingiam realizar um trabalho extremamente complicado de modo a ter controle sobre o que e quando produzir. Havia sempre um líder informal e um acordo tácito de produzir apenas o mínimo de peças necessário para receber o salário que desejavam.

As experiências em Hawthorne permitiram à Administração compreender que o desenvolvimento da produção estava trazendo um grande desgaste no sentimento natural de cooperação e que a colaboração nas organizações não poderia ser deixada ao acaso.

Além disso, confirmou-se que o trabalho é uma atividade grupal e que o grupo é fator decisivo para a produtividade, pois o trabalhador não reage como uma pessoa isolada, mas como membro de um grupo. Logo, a organização precisa, para o seu sucesso, de uma administração capaz de compreender e de se comunicar com aqueles que realmente executam o trabalho, pois o ser humano é basicamente motivado pela necessidade de pertencer ao grupo e ser reconhecido nele.

7.3. O COMPORTAMENTO HUMANO

Os resultados da experiência de Hawthorne chamou a atenção de inúmeros outros cientistas sociais e do comportamento humano, que voltaram seus estudos para tentar entender o porquê das ações humanas, não só no contexto organizacional, mas no contexto mais amplo das relações sociais.

A Teoria de Campo (1935) de Kurt Lewin, psicólogo norte-americano de origem alemã (1890-1947), por exemplo, explica o comportamento humano como resultado de um conjunto de fatos coexistentes, que podem ser entendidos como um campo de forças dinâmico inter-relacionado. Portanto, o comportamento de uma pessoa depende não somente de suas experiências passadas mas também do meio ambiente psicológico atual.

Naturalmente que cada pessoa percebe o meio ambiente de uma forma toda própria, conforme suas percepções, valores e paradigmas. Nesse contexto, as necessidades humanas criam uma tensão, ou seja, agem como uma força que impele a pessoa a adotar um determinado comportamento.

Aliás, deve-se ressaltar que o comportamento individual ou grupal não pode ser compreendido em sua totalidade se não se considerar a organização informal que começará a ser discutida a seguir.

7.4. A ORGANIZAÇÃO INFORMAL

Os estudos em Hawthorne permitiram também a descoberta de uma outra organização coexistindo ao mesmo tempo e em uma mesma conjuntura, dentro da estrutura da organização formal, reconhecida como a empresa, que era composta por cargos, tarefas, hierarquia, relações funcionais e departamentos. Essa nova e surpreendente organização, que não aparecia no organograma, completamente indefinida em sua forma e estrutura e que não seguia as regras e as normas da empresa, foi denominada de organização informal. Chester Barnard (1886-1961), que foi presidente da New Jersey Bell e pesquisador na área de liderança, a define como o "agregado de contatos e interações pessoais, e o agrupamento de pessoas associadas, que pode ser estabelecido entre duas pessoas e até uma multidão, pode se dar de forma hostil ou amigável, ser acidental ou incidental". A organização informal é tão significativa para o moral e a atitude das pessoas, que até extrapola o âmbito da organização formal e acompanha as pessoas em suas vidas privadas, longe da empresa.

Na verdade as organizações ditas formais e informais estão tão intrinsecamente ligadas que não se pode imaginar a existência isolada delas. De fato, parece que vivem em perfeita simbiose, energizando-se e nutrindo-se mutuamente, como um organismo funcional único. Quando, por qualquer motivo, há um desequilíbrio, é comum sentir-se (pois não há como podemos ver no sentido estrito do termo) uma em conflito com a outra, consumido-se mutuamente até a destruição da organização como um todo. E realmente, todas as organizações formais nascem de um primeiro contato informal, assim como todas as informais vêm de contatos originados dentro ou a partir de uma organização formal, de modo que, a exemplo do ovo e da galinha, seria temerário apostar em que nasceu primeiro.

A adequada compreensão dessas duas dimensões organizacionais é de fundamental importância para a administração pois é na organização informal que a cooperação é espontânea e efetiva, onde as pessoas interagem de forma mais verdadeira e completa, deixando fluir toda sua criatividade e iniciativa. Por outro lado é na formal que estão os padrões, as metas, os objetivos, os meios e recursos para a realização do trabalho útil para a sociedade.

7.5. CONCLUSÕES

O comportamento dos indivíduos sofre enorme influência das normas e valores desenvolvidos pelos grupos, causando dependência entre a produção e a integração social, pois quanto mais integrado estiver o indivíduo no grupo, maior será sua disposição de produzir.

De fato, certas mudanças de comportamento individuais só podem ser conseguidas quando o grupo age como instrumento de mudança organizacional. Na verdade, é mais fácil o grupo mudar as pessoas que as empresas mudar os empregados.

Os incentivos financeiros e monetários não são os fatores mais importantes para a motivação, uma vez que as recompensas e sanções sociais é que realmente determinam o rendimento do trabalhador. Destarte, a organização é o conjunto das pessoas que se relacionam espontaneamente, que têm sentimentos e emoções uns pelos outros, cujas ações são norteadas mais pelos contatos entre pessoas e grupos do que pela organização formal.

Portanto, a Teoria das Relações Humanas reconhece que o conteúdo e a natureza do trabalho têm enorme influência sobre o moral, assim como elementos emocionais não-planejados e irracionais do comportamento humano que também podem influir diretamente na produtividade e desempenho do trabalhador.

Liderança, Comunicação e Conflitos

8 CAPÍTULO

8.1. CONSEQÜÊNCIAS DO HUMANISMO NA ADMINISTRAÇÃO

A experiência de Hawthorne trouxe à tona a importância dos fatores humanos na Administração. A organização passou a ser vista como um conjunto de seres humanos que precisavam ser motivados, incentivados e estimulados a produzirem de acordo como os objetivos e metas da empresa.

Por outro lado, reconheceu-se que essas pessoas, que formavam a organização, tinham também seus objetivos e metas individuais, que precisavam ser sintonizadas com aquelas da empresa para a qual trabalhavam. Ficou claro que pessoas não são máquinas, que têm um enorme potencial a ser explorado e que há o fator psicológico, determinante da produtividade e da satisfação do trabalhador.

É por isso que os pesquisadores da Administração começaram a se preocupar com aspectos ditos "intangíveis" da organização, tais como liderança, comunicação, motivação, organização informal a fim de melhor compreender o comportamento humano na empresa e assim conseguir respostas mais completas para os problemas organizacionais.

8.2. LIDERANÇA

Liderança é um conceito extremamente difícil de definir, embora de fundamental importância para a Administração. De forma bastante geral, pode-se dizer que liderar é conseguir que a pessoa ou pessoas certas façam as coisas certas na hora certa da maneira certa, que é mais ou menos o mesmo que administrar com sucesso. É conduzir as pessoas rumo ao objetivo.

Um líder eficaz deve ser também um excelente comunicador, pois sem comunicação, não há como exercer liderança, além de exímio conhecedor dos processos de motivação humana, pois sua tarefa básica é justamente interagir com pessoas. Portanto, liderar implica em comunicar e motivar.

Pode-se, no entanto, entender liderança de diversas maneiras: como qualidade pessoal, como uma função ligada à autoridade recebida da organização formal, como um conjunto de atitudes em uma situação específica, como um comportamento contingencial, entre outras.

Naturalmente que a liderança só pode existir em um contexto grupal, ou seja, é condição para se verificar liderança que exista um indivíduo interagindo com um grupo e que este último o perceba como capaz de satisfazer alguma necessidade ou pelo menos como possuidor de qualidades que potencialmente possam ser utilizadas para atender as expectativas do grupo.

Liderança e poder são dois conceitos muito próximos, pois o líder está sempre interagindo com outras pessoas, moldando-lhes ou alterando-lhes o comportamento, exercendo influência, portanto, sobre as pessoas. Assim, o líder tem poder, que é a capacidade ou potencial de influenciar a maneira de outro agir. Esse poder, entretanto, pode ou não ser concretizado, uma vez que é prerrogativa do líder exercê-lo em sua plenitude.

Quando uma organização dota alguém de poder, ela o está investindo de autoridade, que é o poder legítimo uma vez que foi socialmente reconhecido e aceito. É bom ressaltar no entanto, que muitas vezes a pessoa, em virtude de seu papel na organização, tem autoridade e poder, mas não tem a liderança de fato, que pode estar sendo exercida por um líder informal. Por outro lado, todo líder tem poder, mesmo que esse poder não seja reconhecido e aceito formalmente.

Por esse caráter, até certo ponto incontrolável da liderança, é que ela é tão estudada e discutida pelos teóricos da Administração. As empresas podem dotar alguns de seus empregados de autoridade e portanto de poder, mas nem sempre os líderes são aqueles que ela gostaria que fossem. As organizações escolhem e designam gerentes, chefes, supervisores investindo-os de cargos que representam autoridade, mas a liderança deve ser conquistada por cada um desses empregados selecionados e muitos deles não conseguem isso, mostrando que a liderança é independente da vontade da organização e de seu poder legalmente reconhecido.

Há várias teorias que tentam explicar a liderança. Por exemplo, a teoria de traços de personalidade parte do pressuposto que algumas pessoas possuem uma combinação especial de qualidades e características pessoais, que as distinguem das outras, tais como: inteligência, decisão, percepção, empatia, raciocínio rápido, presença de espírito, perseverança, aparência física, flexibilidade, agressividade e outras que as levariam naturalmente à liderança de seu grupo. O problema com essa teoria é que ela não leva em conta fatores situacionais nem as características dos liderados, que em conjunto com os objetivos a serem atingidos, influenciam em muito o resultado da liderança.

Talvez um melhor modelo de liderança seja o da teoria dos estilos de liderança que reconhece maneiras diferentes de um líder orientar o comportamento de seus subordinados. Essas maneiras ou estilos são:

a) Autocrática: quando o líder decide e impõe suas decisões, com pouca ou nenhuma participação dos outros membros do grupo;
b) Liberal: quando o grupo é que toma as decisões e as implementa com participação mínima do líder, que praticamente abdica de sua prerrogativa;
c) Democrática: as decisões são tomadas por consenso grupal, depois de um amplo processo de análise e debate conduzido e assistido pelo líder.

De fato, o que se percebe é que os líderes costumam adotar um determinado estilo de liderança de acordo com a situação e o perfil de seus liderados, não existindo portanto, um estilo melhor ou pior, mas tão-somente estilos mais ou menos adequados a determinados objetivos e ao respectivo contexto em um dado momento. É claro que existem líderes que caracteristicamente fazem mais uso de um estilo do que outro, mas a eficácia de sua liderança está diretamente relacionada com sua capacidade de adotar o estilo certo na ocasião certa. Por isso, diz-se que os líderes passeiam em um continuum de liderança indo freqüentemente de um extremo a outro.

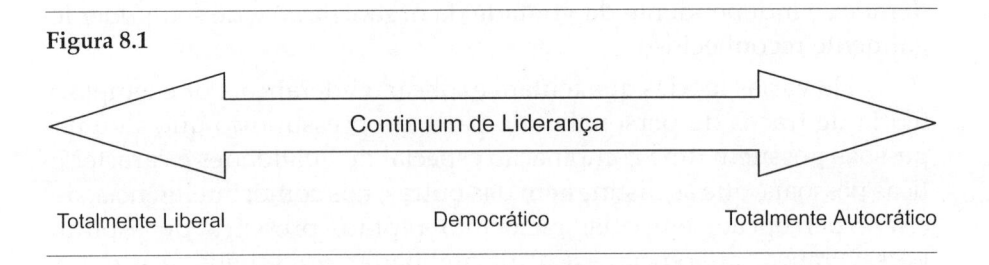

Figura 8.1

⇐ Continuum de Liderança ⇒

Totalmente Liberal — Democrático — Totalmente Autocrático

Dessa forma, é importante que o líder ou administrador, antes de selecionar o estilo de liderança a ser adotado para enfrentar determinada situação, leve em conta a tarefa ou trabalho a ser executado, as características de seus subordinados, a cultura da organização, o contexto social e político do momento, grau de confiança no grupo, experiências anteriores, restrições de tempo, custo e qualquer outro fator que ache relevante para o atingimento dos objetivos propostos.

Geralmente para trabalhos de elevada complexidade deve-se adotar um estilo mais liberal enquanto que para tarefas simples e rotineiras pode-se, com bastante eficácia, optar por um estilo mais autocrático. No entanto, essa regra não é fixa e a questão de estilos de liderança é realmente uma das mais controversas na Teoria Administrativa, uma vez que mesmo para um único subordinado, um mesmo chefe pode adotar diversos estilos diferentes ao longo da execução de um mesmo trabalho.

8.3. COMUNICAÇÃO

Sem comunicação não há como exercer a liderança e muito menos se buscar atingir qualquer objetivo organizacional, por mais simples que seja. De fato, só somos seres humanos porque temos a capacidade de nos comunicar e só seremos verdadeiros líderes e administradores quando conseguirmos realizar essa capacidade de maneira eficaz. Em outras palavras, comunicação é fundamental e "quem não se comunica se trumbica", como já dizia Chacrinha um mestre da comunicação de massa.

Há uma frase muito interessante, utilizada por inúmeros professores de oratória, que ilustra muito bem a importância de uma perfeita comunicação. Veja no exemplo a seguir que a mesma frase, com exatamente o mesmo conteúdo, pode apresentar formas e significados totalmente diferentes dependendo de como ela é dita. Leia as frases em voz alta com ênfase acentuada na palavra grifada e você verá que embora esteja escrita exatamente do mesmo jeito, elas dizem coisas completamente diferentes:

Eu não disse que ele roubou o dinheiro (quem foi que disse?).

Eu não **disse** que ele roubou o dinheiro (que você disse?).

Eu não disse que **ele** roubou o dinheiro (quem roubou?).

Eu não disse que ele **roubou** o dinheiro (que ele fez com o dinheiro?).

Eu não disse que ele roubou o **dinheiro** (que ele roubou?).

Portanto, comunicar-se é assegurar-se que as pessoas tenham entendido perfeitamente o que se quis dizer. No âmbito da organização, pode-se dizer que o objetivo da comunicação é oferecer a informação e a compreensão necessárias para que as pessoas sejam capazes de desempenhar com perfeição suas tarefas. É através da comunicação também que se consegue um espírito de equipe, a cooperação e a motivação para o bom exercício de um cargo na empresa.

Não há necessidade de formação administrativa, para perceber que uma pessoa só pode realizar bem suas funções se lhe tiverem sido devidamente comunicados os padrões de desempenho, os objetivos da tarefa, o processo e se houver efetiva comunicação entre ele e sua chefia. Em face de tal importância, a comunicação deve ocupar lugar de destaque entre os principais motivos de atenção do líder ou administrador.

A questão torna-se ainda mais problemática porque, a exemplo da liderança, não há uma forma única ideal de comunicar-se. Pelo contrário, deve-se adotar a melhor maneira possível de passar a mensagem, ou em outras palavras, o que importa é se fazer entender e nesse aspecto não existe nem mesmo língua culta, belo vernáculo ou erros de português, mas tão-somente uma mensagem que precisa ser entendida pelo interlocutor. Por isso, o administrador tem que dominar vários jargões, gírias, termos técnicos, métodos de apresentação, tudo enfim que o ajude a comunicar-se com seus subordinados e superiores, pois a comunicação não é só de cima para baixo, mas também de baixo para cima.

8.4. CONFLITOS

Onde há pelo menos mais de uma pessoa, existe a possibilidade de surgirem conflitos, definidos como uma divergência de interesses ou de opinião. No ambiente de trabalho os conflitos adquirem uma dimensão muito mais complexa, pois estão aí envolvidos diversos interesses nem sempre muito fáceis de conciliar (patrões, empregados, sindicatos etc.).

Uma constatação se faz necessária: o conflito é inevitável e cabe ao administrador não perder tempo tentando impedi-lo, mas deverá apenas gerenciá-lo, pois não se luta contra o impossível. Nessa perspectiva, podem-se identificar três maneiras de solucionar um conflito:

a) Imposição: quando o mais forte impõe seu ponto de vista ao mais fraco, que aceita por medo ou receio. Observe-se que é um método autoritário que não resolve o conflito, mas apenas o acoberta ou o mantém em situação suspensa por um período, após o qual pode ressurgir com força redobrada;

b) Barganha: é uma troca de interesses, na qual cada lado concorda em fazer algumas concessões. Mais uma vez o conflito não é resolvido, mas apenas suavizado, pois os interesses continuam sendo em parte contrariados. Essa situação é comum quando há um equilíbrio de forças entre os contendores;

c) Por abstenção: quando se ignora o problema com a crença de que ele desaparecerá. Há diferentes níveis de abstenção: falta de atenção, separação parcial das partes envolvidas e separação total dos envolvidos no conflito;

d) Por abrandamento: começa com o reconhecimento de que há um problema, mas a ênfase da administração é na paz e harmonia, ressaltando as similaridades e "diminuindo" as diferenças, procurando criar um consenso;
e) Confronto: as causas do conflito são consideradas enfatizando as metas da organização visando um clima de entendimento mútuo. Há troca de pessoal para que um grupo entenda a posição e os padrões do outro, além de criar um desejo real de resolver;
f) Integração: é a única forma de resolver completamente um conflito e só pode acontecer quando todas as partes envolvidas têm maturidade suficiente para agir com lealdade, sinceridade e transparência na busca conjunta de uma solução inovadora que atenda plenamente as expectativas de todos, mesmo que para isso seja necessário alterar as regras do jogo.

Não se imagine, no entanto, que conflitos só ocorrem entre pessoas, pois também é comum entre grupos e organizações, na verdade, no plano organizacional, quase tudo pode se transformar em fonte de conflitos: competição pelos recursos, estilos gerenciais, disputa pelo dinheiro do consumidor, diferenças nas metas departamentais, falhas na Comunicação, má interpretação das informações e até mesmo a própria estrutura organizacional.

Os conflitos, portanto, são uma característica do relacionamento humano e devem ser encarados como algo positivo, pois são eles geralmente que impulsionam o desenvolvimento de novas idéias, soluções, alternativas e melhores métodos de trabalho e infinitas outras realizações. Assim, o administrador não deve nunca fugir de um conflito, mas enfrentá-lo e procurar resolvê-lo da melhor forma, se possível sempre por integração, pois assim estará agregando valor à organização e garantindo a sobrevivência organizacional.

8.5. CONCLUSÕES

A Teoria das Relações Humanas e suas conseqüências mostraram aos administradores um amplo leque de variáveis a serem devidamente exploradas no sentido de obter melhores resultados para a organização.

Esses conhecimentos no entanto, têm gerado inúmeros problemas, inclusive questões éticas, no tocante à maneira como são utilizados pela administração. Há o risco real de se cair na tentação de utilizar relações humanas para manipular o comportamento dos grupos e das pessoas com objetivos não declarados. É a clássica visão do capitalismo selvagem tomando forma: fazer o empregado produzir cada vez mais ganhando cada vez menos.

Infelizmente esse viés manipulativo é menos raro do que se imagina. Muitas empresas tentam utilizar-se de incentivos sociais e "tapinhas nas costas" com o único objetivo de conseguir maiores resultados sem visar realmente uma melhor qualidade de vida, mas apenas com o intuito de evitar investimentos monetários diretos. É bom que se entenda de uma vez por todas, que relações humanas existem para melhorar o ambiente de trabalho e a integração, por conseqüência, isto reverte-se em maior produtividade e mais qualidade. Ou seja, o objetivo primeiro é o ser humano.

Quando, em atitudes hipócritas, convida-se toda a equipe para um churrasquinho de fim-de-semana custeado pela empresa a fim de conseguir maior comprometimento e na segunda-feira seguinte a administração toma atitudes injustas ou adota práticas desonestas, não há como se obter resultados melhores. O trabalhador de hoje não é tolo a ponto de não perceber que está sendo usado e, se a empresa tem essa postura, ela perde aos poucos a confiança e a lealdade de seu mais importante recurso: as pessoas.

A administração deve ter a consciência de que relações humanas só dão certo se estiverem presentes as premissas para solução de um conflito por integração: maturidade, sinceridade e transparência. Aliás, um relacionamento honesto entre força de trabalho e administração é o único ponto de partida possível para um desenvolvimento autosustentável a longo prazo, o único jeito de alinhar objetivos pessoais e empresariais para um sucesso comum.

Abordagem Organizacional

CAPÍTULO 9

9.1. A TEORIA ESTRUTURALISTA

A forte oposição entre as idéias e conceitos de relações humanas e da teoria clássica, inclusive da Administração Científica, levou os estudiosos da administração a se preocuparem em formular um novo referencial teórico capaz de abarcar tanto os aspectos humanos quanto aqueles inerentes à tarefa. Assim, surgiu o estruturalismo como uma tentativa de compreender a organização como um todo social complexo.

O estruturalismo (do latim *structura*, arranjo, disposição, construção) é uma corrente do pensamento que se desenvolveu com o método de investigação estrutural aplicado aos estudos lingüísticos. Em 1916 Ferdinand de Saussure, lingüista francês, desenvolveu um procedimento teórico que consistia em conhecer a língua como uma estrutura, ou seja, um conjunto de elementos que estabelecem relações formais.

Daí, o estruturalismo passou a ser um método comum às Ciências Sociais, por apreender os fatos novos como uma prática e não como um objeto ou conceito, mas principalmente como uma totalidade (estrutura) que possui um sentido intrínseco onde os elementos só se definem em referência aos outros ou ao todo em seu lugar e em sua ordem ou série de funcionamento. Ou seja, é a maneira pela qual as partes de um todo estão dispostas entre si, designando ao mesmo tempo um conjunto, as partes desse conjunto e as relações entre si.

Trazendo esse conceito para a Administração, pode-se identificar que a nossa sociedade, como hoje a conhecemos, é composta de infinitas organizações, cada uma com um papel diferente na comunidade e que cada um de nós, por sua vez, exerce também um sem número de papéis nas diversas organizações das quais participamos. Nossa sociedade é muito maior que a simples soma de suas partes (organizações), assim como a soma dos esforços individuais dentro de uma organização produz um resultado muito maior do que o que seria matematicamente esperado, num efeito que denomina-se de *sinergia*.

Em face desse ecletismo, a Teoria Estruturalista na Administração foi capaz de fazer uma análise muito mais ampla e complexa que as teorias anteriores, ao considerar, simultaneamente, os princípios científicos, burocráticos e clássicos no estudo e compreensão das organizações de uma forma geral, e não apenas das fábrica e indústrias, até então, objetos predominantes no estudo da Administração.

9.2. ORGANIZAÇÕES

No conceito estruturalista, as organizações são sistemas complexos cujos elementos fundamentais é que lhe dão coerência e suas características permanentes. As organizações existem para atender necessidades humanas que de outra forma não poderiam ser satisfeitas. À medida que o ser humano vai se desenvolvendo, suas necessidades também vão ficando cada vez mais complexas e as organizações por seu turno acompanham essa complexidade. Na época em que vivíamos em árvores, uma fruta de bom tamanho pela manhã e outra à tarde eram o suficiente para nos satisfazer completamente, pois nossas necessidades eram muito simples. Hoje, precisamos de conforto espiritual, de computadores velozes, de carros confortáveis, de lazer qualificado, de educação elevada, de segurança, saúde para desfrutarmos pelo menos cem anos de vida e tantas outras coisas que só mesmo organizações grandes e complexas podem nos oferecer. É por isso que se diz que vivemos em uma "sociedade de organizações".

Amitai Etzioni, sociólogo norte-americano de origem alemã (Colônia, 1929), elaborou uma teoria dinâmica da organização em que destacou as mudanças que caracterizam as organizações em nossa sociedade e as classificou segundo suas etapas de desenvolvimento conforme tabela a seguir:

Tabela 9.1.

ETAPA	DESCRIÇÃO
Da natureza	Necessidades atendidas diretamente pela natureza.
Do trabalho	Transformação da natureza pelo trabalho.
Do capital	Subordinação da natureza e do trabalho ao capital.
Da organização	Subordinação do capital, trabalho e natureza às organizações.

Em vista da escassez de recursos, são as organizações que determinam a melhor forma de alocá-los para a produção de bens e serviços necessários à satisfação das necessidades humanas. Nós, seres humanos, no entanto, temos que ser flexíveis, adaptáveis e tolerantes para podermos fazer parte das organizações que compõem nossa sociedade.

Na análise da organização, há que se considerar sua dimensão formal e informal, buscando-se encontrar um equilíbrio entre os seus elementos racionais e não racionais. Por exemplo, na questão das recompensas, pode-se verificar que tanto as monetárias quanto as sociais são de extrema importância para manter o moral e a motivação elevados. Isto porque em cada nível hierárquico, assume maior relevância um tipo de recompensa. Quanto mais próximo do chão de fábrica, maior a importância das recompensas salariais ou monetárias, enquanto que ao subirmos na escala hierárquica, outras formas de recompensas adquirem maior significado.

Pode-se ainda reconhecer dois modelos sistêmicos convivendo simultaneamente na organização: o fechado quando focalizam-se tarefas e processos internos, cuja previsibilidade e certeza são características marcantes; e o aberto, quando considera-se a interdependência da organização com o ambiente, cuja incerteza e imprevisibilidade são as características mais significativas.

9.3. TIPOS DE ORGANIZAÇÕES

As organizações, apesar de extremamente diferentes e diversificadas, possuem algumas características que lhes são comuns e que nos permitem classificá-las de acordo com critérios predeterminados que facilitam seu estudo e compreensão.

Etzioni, por exemplo, as classificou de acordo com o critério exposto na tabela seguinte:

Tabela 9.2.

VARIÁVEL/TIPO	COERCITIVA	NORMATIVAS	UTILITÁRIAS
PODER	Coercitivo	Normativo	Remunerativo
CONTROLE	Recompensas e punições	Moral	Financeiro/monetário
INGRESSO	Medo, imposição	Crença e ideologia	Interesse
COMPORTAMENTO	Alienado	Moral	Interesseiro
MOTIVAÇÃO	Punições	Auto-satisfação	Vantagens

Os pesquisadores Blau e Scott, por sua vez, classificaram as organizações conforme o critério do beneficiário principal, como mostra a tabela abaixo:

Tabela 9.3.

TIPO	BENEFICIÁRIO PRINCIPAL
Associações de Benefício Mútuo	Os próprios membros (sindicatos)
Comerciais	Donos
Serviços	Clientes
Estatais	O público em geral

Como é facilmente observável, as classificações propostas são bastantes limitadas e se atém a apenas uma única dimensão organizacional, muito pouco para abarcar toda a complexidade das organizações modernas. Portanto, cabe ao administrador verificar dentro da taxonomia organizacional qual a classificação que melhor atende às suas necessidades ou que melhor identifica sua organização-alvo. Mas naturalmente, que uma classificação é importante, se não para uma compreensão mais ampla, pelo menos para facilitar o estudo e a pesquisa. Você mesmo, como um bom exercício de análise e reflexão pode elaborar sua própria classificação de organizações e verificar até que ponto ela é adequada.

Não obstante, pode-se afirmar com toda a certeza que qualquer que seja a organização, ela só existe em função de seus objetivos, definidos como algo que se quer alcançar ou o ponto a que se quer chegar. São os objetivos da organização que dão-lhe direção, padrões e medidas. Diz-se que uma organização tem objetivos apenas de sobrevivência quando eles apenas lhe permitem existir mantendo o *status quo*. Naturalmente que o ideal é que a empresa tenha objetivos que lhe permitam a busca da eficiência e do crescimento sustentável a longo prazo.

9.4. RELAÇÕES INTERORGANIZACIONAIS E AMBIENTE

Para os estruturalistas o ambiente engloba tudo que está externo à organização e é composto pelas diversas outras organizações que formam a sociedade. A interdependência entre as organizações implica numa natural relação de influência mútua em diversos níveis e graus de profundidade.

O relacionamento entre as organizações pode assumir diferentes posturas estratégicas, tais como competição, negociação, cooptação, coalizão, fusão, aliança, parceria, rivalidade entre outras.

O conflito entre organizações, deve ser encarado como algo natural e rotineiro no dia-a-dia das organizações e está diretamente ligado ao processo de mudança, desenvolvimento e melhoria das organizações. Ou seja, é o conflito, mesmo quando indesejável, que gera inovação e crescimento organizacional, pois ele impulsiona a criatividade e a ação empreendedora. Assim como o ser humano, a organização tem dificuldade em aceitar a mudança e só aceita mudar quando instigada por conflitos ou ameaças.

Aliás, é bom ressaltar que não apenas no ambiente externo encontram-se fontes de conflitos, mas também o ambiente interno é rico em conflitos gerados por divergências reais ou supostas de interesses entre os componentes da própria organização. Uma situação bastante comum de conflito nas organizações é aquela entre a autoridade hierárquica e a autoridade técnica: quem deve mandar mais, o chefe que detém o poder formal ou o técnico que lhe é subordinado, mas detém autoridade conferida a ele pelo seu conhecimento? Nem sempre esse conflito é resolvido da forma mais racional. Dependendo se a organização é especializada, não-técnica ou de serviços, esse conflito tende a ser resolvido de formas diferentes e nem sempre no melhor interesse da organização.

De fato, há situações que são verdadeiros dilemas organizacionais, ou seja, interesses tão diferentes que são impossíveis de serem satisfeitos. Um caso clássico dessa situação é o dilema entre a centralização e a iniciativa individual: ao optar-se pela centralização necessariamente tolhe-se a iniciativa individual e se incentivamos a iniciativa do funcionário, fatalmente temos que descentralizar. Assim, há outros dilemas e conflitos que fazem parte tanto do ambiente organizacional interno quanto externo.

9.5. ORGANOPATIAS

Muitos autores, de difícil classificação teórica, são considerados estruturalistas por falta de uma outra abordagem que melhor exprima suas linhas de pensamento. Entre esses, encontram-se alguns que adotaram uma linha de crítica sarcástica às organizações. Por recorrerem até a um certo humor e cinismo, pode parecer, numa primeira análise, que não se tratam de autores sérios, mas, muito pelo contrário, suas críticas são extremamente pertinentes e sagazes.

Parkinson, por exemplo, menciona que nas organizações, quanto mais tempo se tem, mais trabalho aparece. É como se houvesse uma propensão natural da organização para criar trabalho apenas com o intuito de manter as pessoas ocupadas, mesmo que se trate de trabalho inútil, cuja única finalidade é manter o empregado fazendo alguma coisa, justificar sua permanência no posto de trabalho. O mesmo se verifica com a gerência que por mais subordinados que tenha, sempre arranja serviço para todos. Outra crítica é que as organizações têm uma tendência a tratar primeiro dos assuntos menos importantes, gastar mais tempo com banalidades do que com aquilo que realmente importa. De fato, na grande maioria das empresas, o tempo gasto nas reuniões com discussões efetivamente úteis e relevantes é sempre menor que o tempo gasto com cafezinhos, atrasos, conversas paralelas etc. Ele também percebeu que gerentes ruins sempre estão cercados por subordinados ainda mais incompetentes, ou seja, nas organizações, não são os opostos que se atraem, mas os semelhantes.

Peter e Hull defendem que, por princípio, as pessoas nas organizações ascendem na hierarquia até o limite de sua própria incompetência, de modo que um empregado que está ocupando determinado cargo há algum tempo, é porque é incompetente para assumir um outro, estaríamos portanto, cercados de incompetentes por todos os lados. Num sistema como esse, os competentes são "punidos" com sua exclusão do quadro funcional.

Nessa mesma linha, Thompson diz que todo chefe tem um viés heróico, quer parecer sempre que é um abnegado, um ser superior e para isso age como um verdadeiro ator dramatizando situações e manipulando o sistema de informações.

Antony Jay, inspirado pela leitura de *O Príncipe*, de Maquiavel, consegue identificar nas organizações o relativismo moral segundo o qual os fins justificam os meios: os interesses pessoais, o cinismo e o oportunismo permeiam todas as relações organizacionais.

Um autor que vem seguindo essa mesma abordagem, embora ainda não seja oficialmente reconhecido como um autor de administração de empresas, mas apenas como um excelente cartunista é o Scott Adams, criador do Gatoberto, consultor de recursos humanos e do Dilbert, que com fino humor e apurado senso crítico, faz duras considerações à organização e à maneira como elas tratam as pessoas.

9.6. CONCLUSÕES

O estruturalismo, sem dúvida, representou um avanço na Teoria Administrativa, ao ampliar a análise a todos os tipos de organização e ao conseguir, ainda que não totalmente, conciliar princípios clássicos e de relações humanas numa abordagem mais abrangente e completa. Seus autores pecam um pouco pelo exagero e pela crítica focada excessivamente em problemas, quase esquecendo outros aspectos organizacionais tão importantes quanto.

De qualquer forma é importante reconhecer que se trata de uma abordagem de transição, que abriu as portas da Administração para a Teoria de Sistemas e seus desdobramentos.

Abordagem Sistêmica

CAPÍTULO 10

10.1. A TEORIA DOS SISTEMAS

Durante a Segunda Grande Guerra Mundial, especialistas do exército norte-americano aplicaram seus conhecimentos para a concepção de servomecanismos capazes de guiar mísseis e foguetes, corrigindo automaticamente seu rumo e direção, até atingir um alvo e destrui-lo por ordem de um calculador de tiro.

O grande esforço que foi feito por inúmeros físicos, engenheiros, biólogos, químicos, economistas etc. continuou mesmo após a guerra, sob a coordenação de Norbert Wiener, que em seu livro *Cybernetics* (gr. *kybernitike*, arte de governar), de 1948, mostrou que havia muito em comum em processos a princípio extremamente díspares, como por exemplo, o direcionamento de um míssel e o nível de gás carbônico no sangue. A Cibernética passou a manifestar-se em todos os campos do conhecimento humano como uma metodologia de transferência direta de conhecimentos de uma disciplina para outra.

A Cibernética é definida como a ciência da comunicação e do controle, voltada para objetivos, e seu campo de estudo são os sistemas, pois é a comunicação que os integra e o controle que regula seu funcionamento.

Para estudar os sistemas, a cibernética faz uso de modelos, que são representações simplificadas e esquemáticas de um fenômeno complexo do mundo real. A vantagem de se usar modelos, é que se pode manipulá-los da maneira que quiser, sem qualquer risco ou problemas de ordem legal. Maquetes, fluxogramas, organogramas, diagramas, mapas, são exemplos de modelos que usamos quotidianamente, sem mesmo nos darmos conta do que são. Quando os modelos apenas guardam proporção com o ente real, chamamo-los de homomórficos e quando são do mesmo tamanho, denominamo-los isomórficos.

Na década de 50, o biólogo alemão Bertalanffy elaborou uma teoria interdisciplinar com o intuito de que os conhecimentos e descobertas de uma ciência pudessem ser utilizados pelas demais ciências, que revolucionou e influenciou todos os outros campos do conhecimento humano.

Tabela 10.1 Comparação Entre a Ciência Tradicional e a Abordagem Sistêmica.

	TRADICIONAL	SISTÊMICA
Visão	Reducionismo	Expansionismo
Pensamento	Analítico	Sintético
Relação causa x efeito	Mecanicista	Teleológica

Quase imediatamente as Ciências Sociais adotaram os pressupostos da teoria sistêmica como uma maneira mais abrangente de estudar seus fenômenos, pois ela permite revelar o geral no particular e visualizar as inter-relações entre objetos de natureza completamente distinta.

Um sistema (gr. *systema*) tem inúmeras definições, mas podemos sintetizá-las na seguinte: "combinação de partes coordenadas e relacionadas entre si, de maneira coerente, de modo a formar um todo que tem um mesmo objetivo".

Dessa definição, deve-se ressaltar que todos os elementos componentes do sistema estão interligados para formar o todo que apresenta características globais não encontradas nos seus elementos considerados isoladamente. Essa característica é chamada de *emergente sistêmico* e dela decorre uma outra propriedade sistêmica, conhecida por *sinergia*, que é a de os resultados do sistema como um todo ser sempre maior que a soma individual das contribuições de cada uma de suas partes consideradas individualmente, de outra forma, num sistema, 2 + 2 nunca é igual a 4, mas sempre igual a 4 + x.

Uma vez que os sistemas estão contidos em um meio composto de outros sistemas e subsistemas, torna-se extremamente difícil delimitar fronteiras, determinar onde começa um sistema e termina outro. Mudanças em um elemento sistêmico influencia todos os demais elementos e não raro mudanças em um sistema influem outros sistemas e subsistemas.

Sistemas podem ser concretos ou abstratos e, pelo menos teoricamente, fechados (não efetuam trocas com o ambiente) ou abertos. São normalmente representados pelo seguinte modelo que expressa razoavelmente bem todos os seus parâmetros. Suas entradas são constituídas de insumos ou impulsos que vêm do exterior e são transformados nas saídas, ou nos resultados que são devolvidos ao exterior. A retroação ou feedback é um sistema de comunicação de retorno, capaz de alterar as entradas e responsável pelo controle e manutenção das condições de equilíbrio do sistema visando a sua sobrevivência. A retroação é o mecanismo que impõe as correções necessárias ao sistema. A retroação positiva é aquela que estimula as entradas enquanto que a negativa faz justamente o contrário, inibe ou refreia as entradas.

Figura 10.1. Sistema Ambiente.

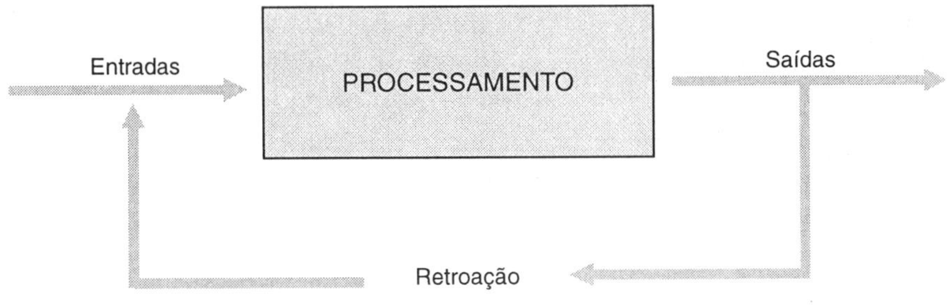

Na natureza, encontram-se apenas sistemas abertos (sistemas fechados são artificiais, mecânicos), cujas principais características são o constante intercâmbio de energia, recursos e informações com o ambiente, crescimento, mudança, adaptação, equilíbrio e auto-regulação (homeostase).

10.2. SISTEMAS ORGANIZACIONAIS

As organizações são sistemas, criados pelo ser humano, que crescem e desenvolvem-se mantendo forte intercâmbio com o seu meio ambiente composto principalmente por clientes, fornecedores, concorrentes, governo etc. De fato, as organizações apresentam muitos aspectos e comportamentos característicos de sistemas vivos, podendo até mesmo aprender novas habilidades e competências para sobreviverem.

Todos os sistemas têm uma capacidade, denominada homeostasia, de auto-regular-se, autocontrolar-se, ou seja, manter seus parâmetros e variáveis dentro dos limites normais de sua operação, forçando-os a retomarem o nível padrão quando por qualquer motivo excedem o intervalo de tolerância. Por exemplo, quando um vírus ataca o corpo humano, imediatamente há uma reação de aumento de temperatura (febre) como reação ao invasor, mas tão logo a temperatura passa dos 38°C. vem a contra-reação no sentido de baixar a temperatura de novo para os níveis considerados normais (suor, moleza geral para forçar o descanso etc.).

A maior diferença entre um sistema organizacional e um sistema orgânico é que o primeiro, ao contrário do segundo, não tem um tempo, pelo menos teoricamente, limitado de vida. O grupo Sumitomo do Japão, por exemplo, começou em 1.590, com uma mina de cobre e ao longo de todo este tempo veio aprendendo, desenvolvendo e adaptando-se ao seu meio ambiente, de modo a garantir sua existência como entidade produtiva. Um outro exemplo clássico é o da Igreja Católica que tem mais de 2.000 anos como organização e continua tão eficiente quanto sempre foi. Esses casos comprovam que a longevidade organizacional não tem um limite preestabelecido, não obstante pesquisas apontarem que na Europa e Japão o tempo médio de vida de uma empresa seja de apenas 12 anos e meio (no Brasil, esse tempo é ainda menor).

De fato, pode-se afirmar que o tempo de vida de uma empresa é diretamente proporcional à competência de sua administração, à sua capacidade de aprendizado e adaptação ao meio ambiente e à sua coesão interna, entendida como a habilidade de criar e manter uma personalidade.

Apesar das muitas semelhanças entre sistemas vivos e sistemas organizacionais, também podemos identificar diversas diferenças, tais como as que são apontadas na tabela seguinte:

Tabela 10.2. Diferenças entre Sistemas Vivos e Sistemas Organizacionais.

CARACTERÍSTICA	SISTEMA VIVO	SISTEMA ORGANIZACIONAL
Relação com outro sistema	Completos (exceção: parasitas)	Incompletos, dependem de outras organizações
Entradas	Alimentos, energia	Insumos
Duração	Limitada	Ilimitada
Estrutura	Herdada, fixa	Criada, modificável
Física	Concretos	Abstratos

Os sistemas organizacionais têm portanto um comportamento não determinado, ou seja, estão sujeitos à influência de inúmeras variáveis não controláveis do meio ambiente e a um sem número de outros sistemas e subsistemas. Essa multiinterinfluência é decorrente dos diversos graus de permeabilidade dos sistemas que, inclusive, tornam extremamente difícil delimitar as fronteiras intersistêmicas.

10.3. A GESTÃO DA INFORMAÇÃO

A cibernética foi muito útil para a Administração ao mostrar a importância e o valor da informação como o agente capaz de provocar alterações nos sistemas e regular o seu funcionamento. Para as empresas modernas, pode-se dizer que a informação é uma questão estratégica, diretamente ligada à sua sobrevivência no mercado. Quem tem mais e melhores informações tem uma probabilidade muito maior de tomar as decisões mais adequadas, e num ambiente extremamente competitivo, isto significa viver ou morrer.

A grande dificuldade para gerentes e administradores no mundo moderno, onde a quantidade de informação disponível cresce em proporção geométrica e está cada vez mais fácil e acessível, é distinguir o que é útil do que não é, pois a miríade de meios de comunicação disponíveis e de dados e informações que literalmente lhes caem no colo diariamente, chega às raias do inimaginável. Se um gerente médio hoje, for tentar digerir toda a informação que lhe chega pelas mais diversas formas: relatórios, artigos, jornais, conversas, internet, cursos, seminários, e-mails etc., ele deixaria de gerenciar, cumprir seu papel, para se transformar em um mero repositório de informações. Assim, o que de fato acontece, é que grande quantidade de informação é simplesmente descartada, podendo ser útil ou não, e uma outra quantidade muito pequena recebe atenção, também podendo ser útil ou não. A questão é: como separar o joio do trigo.

Não há uma receita infalível para isto, no entanto, o conhecimento mais profundo da teoria da informação, que é um ramo da matemática, pode ajudar bastante administradores e gerentes a gerir sua dose diária de informação com mais eficiência. Para isso, faz-se necessário primeiramente definir, segundo Karl Albrecht, presidente da Karl Albrecht International e pioneiro da revolução dos serviços, alguns termos muito utilizados, mas nem sempre na sua acepção correta.

a) Dados: podem ser entendidos como os átomos da matéria-prima "informacional" a ser trabalhada pelo homem. É o nível irredutível, no qual a codificação alfanumérica nos permite transportar a informação de um lado para o outro. Os dados são inertes e sua vantagem é que podem ser armazenados e transportados independente de seu significado;

b) Informação: é a disposição dos dados de modo que façam sentido, criando padrões e significados na mente das pessoas. São as palavras, as ilustrações e os sons, formados pela união dos dados de maneira lógica e coerente. As informações são dinâmicas e só existem no nível da percepção humana, pois se não há um ser humano para compreender aquele conjunto de dados coerentemente disposto não pode haver a informação;

c) Conhecimento: conteúdo de valor agregado do pensamento humano, derivado da percepção e manipulação inteligente da informação. Os conhecimentos existem apenas na mente do pensador e são a base para decisões eficazes e ações inteligentes.

Dessa forma, é fácil perceber que o objetivo da informação é gerar conhecimento que é o que realmente importa, pois ele é que agrega valor ao processo. No entanto, para que seja possível a criação sustentada de conhecimento, em face de tantas informações disponíveis e nem sempre relevantes, há-se de atentar para as cinco dimensões da qualidade da informação, mostradas na figura seguinte.

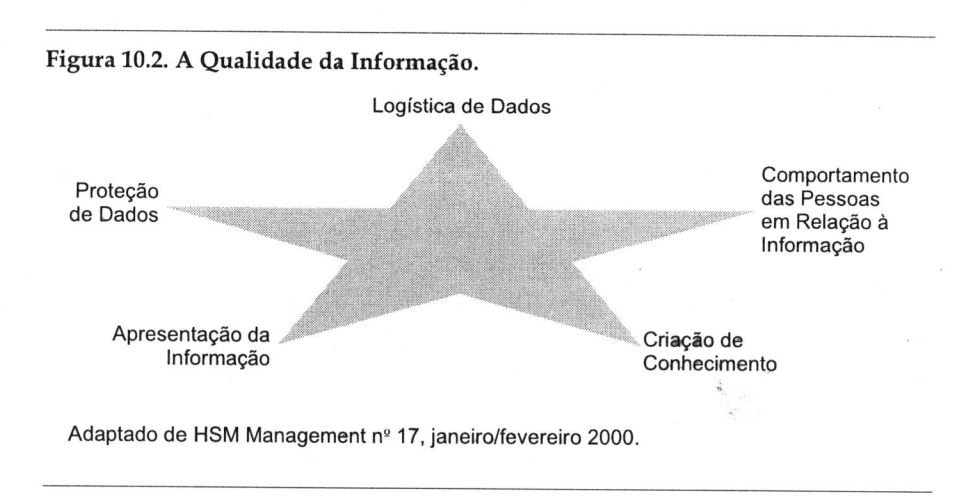

Figura 10.2. A Qualidade da Informação.

- Logística de Dados
- Proteção de Dados
- Comportamento das Pessoas em Relação à Informação
- Apresentação da Informação
- Criação de Conhecimento

Adaptado de HSM Management nº 17, janeiro/fevereiro 2000.

Pela figura pode-se ver que as dimensões da qualidade informacional estão indissoluvelmente ligadas num complexo único. A primeira preocupação do gestor da informação é preparar as pessoas para uma nova atitude com relação ao processo de disseminação de informações e geração de conhecimento. Isto só será possível na medida em que se viabiliza toda a logística necessária para disponibilizar no momento certo a informação necessária (logística de dados), que passa naturalmente pelas máquinas, equipamentos, softwares etc.

Quando se fala em proteção de dados, não nos referimos apenas à questão da inviolabilidade de informações confidenciais, mas principalmente à integridade e manutenção desses dados (posteriormente informações), pelo tempo que for necessário. Isto requer não somente os cuidados característicos dos departamentos de segurança patrimonial mas também da área de arquivamento e classificação.

O penúltimo passo, antes de começar a medir e gerenciar a criação efetiva de conhecimento é providenciar para que as informações sejam apresentadas de forma inteligível por todos os seus níveis usuários e de maneira objetiva, clara, numa linguagem e classificação dominada por toda a organização.

A partir daí, a empresa deve institucionalizar a criação de conhecimento como mais uma função normal da organização, a fim de garantir o desenvolvimento sustentado do processo.

10.4. CONCLUSÕES

A tentativa de tratar e resolver todos os problemas por meio da cibernética e dos sistemas é particularmente importante entre os tecnocratas que estudam não só os alvos a atingir como também a elaboração dos próprios objetivos. Essa abordagem, no entanto, não pode ser desconsiderada atualmente, qualquer que seja o ângulo de análise organizacional adotado pela administração, pois oferece uma visão global da organização e da sua capacidade sinérgica, até então desconsideradas.

Por outro lado, a informática, entendida como a ciência do processamento automático e lógico de dados, com todas as suas realizações que empregam computadores para o tratamento automático da informação, transformou-se em um instrumento indispensável para o administrador moderno, pois multiplicou a capacidade de análise, compilação, acesso, arquivo, seleção e disponibilização de informações para a tomada de decisão.

A mecanização e automação de processos industriais trouxe enormes ganhos de produtividade e qualidade, incrementados agora também pela informatização que permite às máquinas tomar decisões rotineiras e programadas, sem a intervenção humana, liberando os recursos humanos para atividades mais criativas e de maior valor.

Não obstante, não se pode deixar de considerar que sistemas por mais desenvolvidos que sejam têm um limite além do qual não conseguem mais manter sua finalidade nem mesmo sua estrutura, motivo pelo qual, não se pode vislumbrar, por mais que se desenvolva a tecnologia sistêmica, uma organização que prescinda do fator humano para intervir justamente quando estão presentes variáveis não controláveis que geram situações não previstas capazes de comprometer todo o desempenho organizacional.

Abordagem Sociotécnica

CAPÍTULO 11

11.1. SISTEMA SOCIOTÉCNICO

A Teoria de Sistemas nos permitiu compreender a organização como um amplo sistema com suas entradas, saídas, processamento e trocas com o meio ambiente. No entanto, este modelo sistêmico pode ser ainda aprimorado se considerarmos a organização não como um sistema único, mas como um todo sistêmico composto de variados subsistemas interdependentes funcionando com um objetivo único.

Um dos modelos mais consistentes é do de Tavistock que concebe a organização como sendo composta por dois subsistemas: o técnico e o social. O primeiro subsistema, técnico, compreenderia todas as variáveis tecnológicas, temporais e físicas, enquanto o social envolveria todas as variáveis diretamente relacionadas aos indivíduos.

Esses dois subsistemas convivem em íntimo relacionamento e, de fato, não prescindem um do outro mas estão de tal forma ligados que chegam mesmo ao ponto de se determinarem mutuamente. A própria eficiência do sistema organizacional, considerado como um todo, depende das interações de cada um desses dois subsistemas com o meio ambiente da organização.

Figura 11.1. Modelo Sociotécnico.

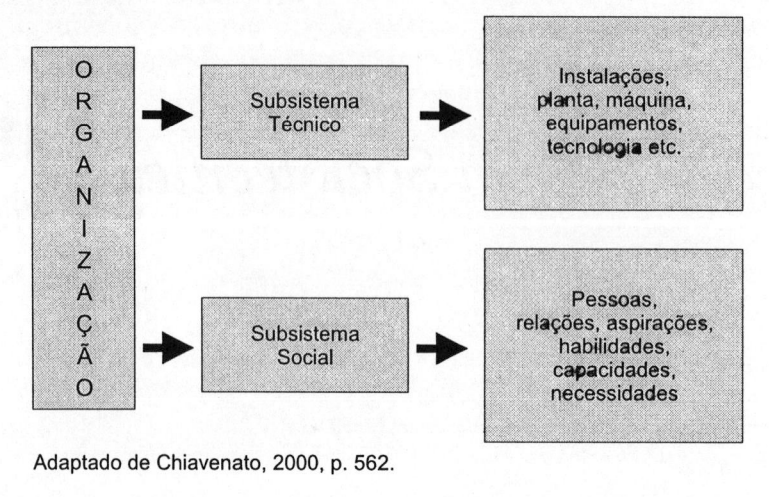

```
ORGANIZAÇÃO → Subsistema Técnico → Instalações, planta, máquina, equipamentos, tecnologia etc.

ORGANIZAÇÃO → Subsistema Social → Pessoas, relações, aspirações, habilidades, capacidades, necessidades
```

Adaptado de Chiavenato, 2000, p. 562.

11.2. O SUBSISTEMA SOCIAL: CLIMA E CULTURA

O subsistema social é que determina a real eficiência da organização, pois o subsistema técnico apenas tem a potencialidade de se tornar eficiente e só se realiza com a interveniência do subsistema social, representado pelos seres humanos em suas múltiplas dimensões e que têm as capacidades e habilidades necessárias para efetivar o subsistema técnico.

No subsistema social atuam inúmeros mecanismos psicológicos, normas e valores pessoais de difícil isolamento, mas de fácil percepção para um observador atento. Esse conjunto complexo de interações sociais em vários níveis e dimensões determinam o que chamamos cultura organizacional, que reflete os valores, tabus, percepções, comportamentos e atitudes características de uma organização. Trata-se de um conjunto de crenças e sentimentos comuns aos participantes de uma empresa, a maneira própria de ver e entender as coisas, formada ao longo do tempo e que é de difícil mudança. É a personalidade da organização, o *ethos* empresarial.

Já o clima organizacional está ligado mais ao momento, ao moral, a um instante ou situação específica da organização, podendo ser facilmente alterado. Um bônus não esperado, pode, por exemplo, mudar de uma hora para outra o ânimo do pessoal, alterando o clima organizacional de apreensivo para alegre, mas não é suficiente para alterar a cultura conservadora de uma empresa que prima por posturas tradicionais, traduzida nas atitudes de seus gerentes que cortarão custos de um lado para compensar aqueles valores saídos do caixa.

No contexto do subsistema social, pode-se conceituar Administração como o trabalho de orientar, dirigir e controlar os esforços de grupos, composto por desempenhos individuais, para o alcance de objetivos organizacionais. Nesse sentido, há importante relevância para fatores que apesar de não serem tangíveis, representam o sentido de existência do próprio processo administrativo dentro da organização: planejamento, direção, tomada de decisão, poder e autoridade (organização, por estar mais voltada ao subsistema técnico, será abordada no capítulo seguinte).

11.3. PLANEJAMENTO

Planejar, ou fazer planos, consiste basicamente em estabelecer o que fazer, quando fazer, como fazer, quem fazer e em que seqüência fazer. É uma atividade que está presente no dia-a-dia de qualquer ser humano, embora não de forma estruturada, como se faz necessário quando está em jogo o futuro de uma organização. Planejamos os gastos do mês, as compras do supermercado, as próximas férias, ou seja, planejar é um verbo intrinsecamente ligado ao futuro, pois nunca poderemos planejar o que já passou.

Quanto melhor é o planejamento, maiores chances há de obtermos sucesso e alcançar nossos objetivos. Imagine se o famoso navegador Amir Klink saísse nas suas viagens sem um mínimo de planejamento. Muito com certeza não teria conseguido concluir metade de suas viagens. Por outro lado, lembre das grandes conquistas humanas e da grande parcela de planejamento envolvida. Ou mesmo de uma simples viagem de passeio na qual você se perdeu por não ter planejado corretamente o itinerário. Planejar bem, é portanto, condição *sine qua non* para chegarmos a algum lugar com o mínimo de problemas.

A primeira coisa a se fazer quando inicia-se um processo de planejamento é justamente decidir o que fazer, ou seja, qual o objetivo, ou ainda em outras palavras, qual é o resultado futuro que se quer obter. No caso da empresa, portanto, deve-se começar estabelecendo os objetivos e traçando-se a política organizacional. Passado este estágio amplo e genérico, segue-se a definição das diretrizes, metas, programas, procedimentos métodos e finalmente normas que vão permitir atingir o objetivo da forma mais eficiente possível.

O planejamento efetiva-se em três níveis, que correspondem exatamente aos níveis hierárquicos da organização:

a) Estratégico: é o nível mais amplo e abrangente do planejamento e corresponde aos níveis hierárquicos mais altos. É sempre realizado para longo prazo e de forma bastante genérica;

b) Tático: corresponde aos níveis gerenciais da organização e é elaborado visando a um médio horizonte de tempo, sendo específico para cada unidade da organização;

c) Operacional: extremamente detalhado e específico realiza-se no curto prazo.

Figura 11.2. Níveis de Planejamento.

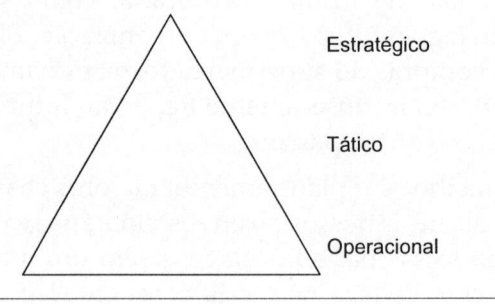

Planejar constitui um processo contínuo no qual os objetivos estão sempre se renovando ou sendo atualizados conforme são alcançados ou parcialmente alcançados. Caso não se obtenha o sucesso desejado, deve-se reavaliar os objetivos para definir se são realmente exeqüíveis e, conforme for, reiniciar ou adequar o planejamento.

11.4. DIREÇÃO

Dirigir é dar rumo, propiciar objetivos, dar um norte para a organização. Nada tem a ver, portanto com comandar, embora muitos confundam os dois conceitos. Quando há direção em uma empresa, todos os esforços convergem num único sentido, há menos duplicação de esforços e os objetivos são mais facilmente alcançados.

Dirigir implica ainda em liderar, motivar, comunicar, guiar, propiciar sentido às ações e é exercido principalmente pelo nível estratégico. É portanto todo um conjunto de habilidades e capacidades voltadas para a condução organizacional que não podemos restringir a apenas uma única dimensão, tal a sua característica multiforme.

11.5. TOMADA DE DECISÃO

Tudo numa organização gira em torno de decisões. A própria existência de uma empresa está diretamente ligada a uma decisão primeira tomada por seus fundadores. A sobrevivência de uma organização e o seu sucesso dependem totalmente da qualidade e da correção das decisões tomadas no dia-a-dia empresarial.

Nesse sentido, não há decisões mais ou menos importantes, mas tão somente decisões que precisam ser tomadas da melhor forma possível. Portanto, para o administrador, esse assunto é de especial interesse, pois a todo momento decisões estão sendo tomadas nos mais diversos setores de forma nem sempre coordenada, e o que é pior, muitas vezes com base apenas em critérios unicamente subjetivos que não lhes garantem qualquer expectativa de adequação aos objetivos da empresa.

Após a Segunda Grande Guerra Mundial tomaram impulso os estudos sobre a Pesquisa Operacional, ramo da matemática que adota modelos decisórios e que podem ser amplamente utilizados pelos administradores para facilitar o processo decisório e garantir uma melhor qualidade de decisão.

Uma decisão qualquer é na verdade um processo seqüencial de etapas que no seu conjunto formam uma determinada decisão. Nessa perspectiva, pode-se resumir o processo em três etapas: definição do problema, estabelecimento de alternativas de solução e escolha da solução mais adequada. Quando a situação é por demais complexa e exige diferentes modelos de implementação para solução do problema, é comum recorrer-se a métodos quantitativos com a finalidade de tornar o processo mais racional, procurando-se eliminar ou pelo menos reduzir o subjetivismo a níveis aceitáveis.

Qualquer que seja a situação problemática, sempre estaremos diante de decisões programadas ou não-programadas. As primeiras são mais fáceis de serem tomadas, pois relacionam-se a situações rotineiras, previsíveis, estáticas. Já o segundo tipo, implica em uma decisão a ser tomada sob condições de incerteza, num ambiente dinâmico e imprevisível, cujas informações não são adequadas ou não estão disponíveis com a exatidão necessária.

Para decisões programadas (rotineiras) pode-se fundamentá-las nos hábitos, na rotina, nas normas ou ainda nos utilizarmos de modelos matemáticos, técnicas de Pesquisa Operacional e de simulações em computador. Quando se trata de decisões não-programadas, costuma-se apelar para o *feeling*, para a intuição, para o empirismo, interpretação de políticas ou diretrizes, ou ainda, mais cientificamente, para modernas técnicas heurísticas e simulações computadorizadas.

A vantagem de se utilizar modelos matemáticos para testar soluções e escolher uma alternativa de ação, ou seja, decidir, é que se evitam prejuízos reais, pois as conseqüências negativas de uma eventual má decisão fica restrita ao mundo virtual do modelo utilizado. A grande dificuldade de criar modelos decisórios, no entanto, é estruturá-los, ou seja, traduzi-los em linguagem matemática que possa ser facilmente entendida por computadores de forma a simular infinitas alternativas até encontrar a solução ótima ou mais adequada.

Um problema já estruturado permite conhecer antecipadamente sob que condições será tomada a decisão, que poderá ser sob certeza, risco ou incerteza.

Tabela 11.1 Condições de Tomada de Decisão.

DECISÃO	VARIÁVEIS	RESULTADO
Certeza	Conhecidas	Determinável
Risco	Conhecidas	Probabilístico
Incerteza	Conhecidas	Desconhecido

Mesmo problemas não completamente estruturados por possuírem uma ou mais variáveis desconhecidas ou impossíveis de serem determinadas com relativa confiança, podem ser tratados através de modelos matemáticos com grandes vantagens: descoberta de interconexões, identificação de relações causa/efeito, tratamento simultâneo de inúmeras variáveis, soluções mais rápidas e melhores etc.

A Pesquisa Operacional, portanto, é um instrumento básico para a tomada de decisão do administrador profissional, pois fornece uma gama enorme de ferramentas matemáticas que podem ser aplicadas em praticamente todas as áreas da empresa nas mais diferentes situações. Além disso, tem a facilidade de já ter inúmeros modelos e métodos prontos, para aplicação imediata, com apenas alguns ajustes aos problemas específicos de cada organização, bastando para isso, ajustar a entrada de dados à situação que se quer resolver. Naturalmente que situações mais complexas necessitarão do desenvolvimento de novos modelos, mas nesse caso, sem dúvida a ajuda de matemáticos e estatísticos será de fundamental importância para a administração.

Alguns exemplos de modelos de PO com ampla aplicação e disponíveis inclusive em softwares são: teoria das filas, teoria dos jogos, grafos, programação linear, programação dinâmica, correlação estatística, probabilidades, entre outros. Logo, não há muita dificuldade para se utilizar esses modelos já prontos, desde que o cuidado seja redobrado no momento da adaptação da fórmula à realidade da empresa em questão, para evitar grandes distorções.

De qualquer forma, uma empresa moderna não pode prescindir desses métodos especialmente na área da Administração da Produção e de Operações Industriais, onde quase sempre a Pesquisa Operacional se encaixa como uma luva nas situações problema. Ainda assim, uma boa dose de sorte e intuição não são de todo mal e podem realmente fazer a diferença num mercado extremamente competitivo que nem sempre segue as regras da lógica e do bom senso.

Decisões portanto, podem ser entendidas como um processo de análise e escolha, sendo compostas de seis elementos: tomador de decisão (pessoa que escolhe), objetivos (o que se quer alcançar), critérios de escolha, estratégia ou curso de ação, a situação em si que abrange aspectos ambientais e o resultado ou conseqüência.

Independente dos esforços e das técnicas usadas, convém ressaltar que a racionalidade humana é limitada em função das informações disponíveis, dos pressupostos e dos paradigmas vigentes. Portanto, não há decisões perfeitas, mas uma relatividade das decisões, que podem ser excelentes aqui, nesse momento, mas totalmente inadequadas já no dia seguinte.

O Administrador não deve então buscar a perfeição, mas tãosomente adotar um comportamento, satisfaciente, que lhe permita procurar e escolher a maneira satisfatória entre aquelas que conseguiu comparar.

11.6. PODER E AUTORIDADE

A questão do poder e da autoridade dentro das organizações é um ponto nevrálgico, principalmente porque por mais moderna que seja, ou por mais que se tenha evoluído em sistemas organizacionais alternativos, ainda não se conseguiu fugir completamente do modelo burocrático, conforme Capítulo 5.

Poder, segundo o entendimento mais comum, é a força de mandar e de se fazer obedecido, enquanto que autoridade é o poder legalmente reconhecido. Para a Administração esses dois conceitos também são válidos dessa forma.

O poder, portanto, realiza-se de várias formas, pois alguém pode mandar e se fazer obedecido por diversos meios: força bruta, inteligência, conhecimento, violência, sedução, convencimento legítimo etc. Nessa relação de poder estará sempre presente a figura de quem obedece (subordinado, empregado, servo) e de quem manda (chefe, patrão, senhor). O poder é exercido geralmente com base em alguma característica, habilidade ou capacidade presente em quem detém o poder, aceita ou pelo menos reconhecida pelos subordinados.

A autoridade pode também ser entendida como um fenômeno psicológico, fortemente influenciado pelo empregado, ao contrário do que preconizava a Teoria Clássica, pois o subordinado só aceita uma ordem, quando a entende e compreende, a julga compatível com os objetivos seus e da organização e se achar física e mentalmente capaz de cumpri-la.

No caso das organizações formais, o poder está sempre ligado à hierarquia, ou seja, o poder é função da hierarquia e é legitimado por ela, estando ambos tão intimamente ligados que um não pode existir sem o outro: não se concebe hierarquia sem poder ou vice-versa. É interessante perceber que numa organização formal, o poder realmente não pertence a ninguém concretamente, mas tão-somente aos cargos e posições exercidas, tanto que um empregado ao sair de uma empresa, mesmo que seja seu presidente, deixa dentro da organização o poder eventualmente exercido, a tal ponto de no dia seguinte não ter nem autoridade para entrar no portão principal da empresa. Mesmo o dono ou acionistas majoritários de uma empresa, só têm autoridade para decidir, opinar ou simplesmente entrar na empresa, se isto estiver legitimado pela organização, pois do contrário, até mesmo o poder da propriedade não se exerce automaticamente. Veja que dentro da organização a Administração tem o poder de cercear o poder até do proprietário.

Feitas essas considerações, fácil é perceber que o poder está realmente concentrado na organização, que é mais poderosa que qualquer um de seus membros. Um exemplo concreto: o poder é da Microsoft ou de William Gates III? Quem efetivamente dobra o mercado? Hoje, sem sua empresa a respaldar-lhe, pouca força teria o cidadão Bill Gates, ao contrário de sua empresa, que literalmente faz as regras do mercado, mesmo sendo dividida em duas ou mais.

11.7. CONCLUSÕES

A abordagem sociotécnica foi extremamente importante ao reconhecer, identificar e considerar dois sistemas intraorganizacionais que se complementam e se energizam mutuamente.

É importante notar que essa visão foi revolucionária no sentido de ter aproveitado de forma sistêmica os conhecimentos oriundos das teorias anteriores, além de ter aberto espaço para que os neoclássicos reabilitassem os conceitos tradicionais de administração, afirmando-se como abordagem independente, sem no entanto cair no radicalismo de negar o que tinha vindo antes, como até então era comum.

Essa nova visão ajudou a determinar a racionalidade administrativa como função da perfeita sincronia entre os subsistemas técnico e social, compostos por inúmeras inter-relações e interconexões: o comportamento das pessoas na organização, o processo decisório, divisão de tarefas, padrões de desempenho, sistemas de autoridade, canais de comunicação, treinamento e doutrinação.

Portanto, na organização, a Administração deve ter a correta percepção da situação, técnica, social ou ambas, analisar e definir o problema, procurar alternativas de solução em conformidade com os objetivos previamente definidos e escolher a alternativa mais adequada, consideradas as demandas dos sistemas e subsistemas envolvidos.

Abordagem Neoclássica

CAPÍTULO 12

12.1. O NOVO CLASSICISMO

A Teoria Neoclássica nada mais é que uma redenção e atualização, agora ampliada e mais abrangente, dos princípios e idéias que foram defendidas pelo clássicos décadas antes. De fato, as abordagens surgidas após o Taylorismo e o Fayolismo tiveram a característica comum de, se não negar completamente os pressupostos clássicos, pelo menos o intuito de descredenciá-los ou no mínimo pôr em dúvida o que tinha sido dito até então. Relações Humanas, só para ficar em um exemplo, praticamente nega todos os princípios clássicos, adotando uma visão completamente oposta aos teóricos anteriores.

No entanto, autores e estudiosos posteriores, principalmente após a disseminação da abordagem sistêmica, perceberam que as respostas para os problemas organizacionais não se encontravam exclusivamente em uma única teoria, mas muito pelo contrário, cada uma delas tinha sua contribuição pertinente e útil a ser considerada.

Os neoclássicos reafirmaram todos os postulados clássicos, dando ênfase aos resultados e objetivos organizacionais e focalizaram-se principalmente na prática administrativa, sem esquecer dos aspectos humanos e do comportamento grupal dentro da organização.

A base dessa nova teoria são seus princípios administrativos: objetivos claramente definidos, responsabilidades designadas restritas a uma única função, departamentalização baseada na homogeneidade funcional, hierarquia rígida, autoridade e responsabilidade definidas por escrito, unidade de comando, limite para a quantidade de subordinados, poucos níveis de autoridade, organização simples e flexível.

12.2. DESEMPENHO ORGANIZACIONAL

A discussão do desempenho organizacional assume uma grande relevância para os neoclássicos que foram além da simples eficiência, preocupação maior da teorias administrativas até então vigentes, expandindo a problemática para a questão da eficácia. Agora já não importava apenas fazer as coisas da forma correta (eficiência), mas principalmente fazer a coisa certa (eficácia).

A eficiência é portanto um conceito ligado ao processo, aos meios, à maneira de fazer alguma coisa. Mecanicamente pode ser definida como a razão entre a entrada efetiva e a saída efetiva. Para ser eficiente devemos fazer sempre mais com menos, melhorar a utilização dos recursos. Já a eficácia está relacionada com objetivo final, com os resultados obtidos, ao atingimento de alvos. Ser eficaz é fazer o que é preciso para alcançar objetivos.

A diferença entre os conceitos de eficiência e eficácia é facilmente explicada através do exemplo da seleção brasileira de futebol disputando uma partida. Se ela der espetáculo, fizer grandes jogadas, marcar gols belíssimos, seguir corretamente o esquema tático, estará sendo extremamente eficiente, mas só será eficaz se conseguir ganhar o jogo. Por outro lado, pode ocorrer de a seleção jogar pessimamente, errar jogadas, não marcar e ainda assim, conseguir ganhar o jogo com um gol de pênalti no último minuto. Nesse último caso, não foi nada eficiente, mas extremamente eficaz. Relembre as Copas do Mundo de 1986 e a de 1994. Quem foi eficiente? Quem foi eficaz?

Portanto, é bom ressaltar que eficiência não leva necessariamente à eficácia, nem vice-versa, na verdade são conceitos quase que independentes. O ideal seria realmente conseguir-se 100% de eficiência e total eficácia, mas na vida real nem sempre isso é possível e não raras vezes o Administrador vai ter que dosar suas ações para concluir suas tarefas com certo grau de eficiência e de eficácia aceitável. Imaginemos se só fôssemos começar a utilizar o motor a combustão interna inventado em 1876 pelo alemão Nikolaus Otto e que hoje equipa os nossos automóveis, quando ele atingisse 100% de eficiência. Ainda estaríamos andando de carroças, pois os melhores motores a gasolina não superam atualmente os 25% de eficiência (motores diesel têm 35%, motores elétricos 80%).

12.3. CONTROLE E COORDENAÇÃO

O controle é sempre uma função de regulação, portanto, restritivo, coercitivo, impositivo e constitui-se basicamente em comparar resultados com padrões preestabelecidos, ou com o que foi planejado, para confirmar se está tudo conforme e, em caso contrário, adotarem-se as providências necessárias para correção ou adequação dos resultados.

Quanto mais simples as tarefas e menor a organização (entidade social), mais fácil é manter as coisas sob controle. No entanto, quando se trata de uma grande empresa, com diversidade de produtos e serviços de elevada complexidade, a função de controle torna-se extremamente dispendiosa e difícil. Em algumas empresas pode-se até dizer que o grande problema é o excesso de controles, que engessam a inovação, o desempenho e o crescimento organizacional.

De fato, quanto mais uma empresa cresce, e este é o destino de todas elas, mais há a necessidade de criação de novos órgãos (propriedade morfogênica dos sistemas organizacionais) que vão se tornando aos poucos cada vez mais diferenciados, com objetivos e metas às vezes até conflitantes. Quanto mais a organização se diferencia, portanto, maior a sua premência por coordenação, pois todos os órgãos devem atuar de forma única, com um mesmo objetivo geral, numa só direção.

A situação é ainda mais complicada quando chega-se a tal estágio de crescimento organizacional que precisa-se começar a delegar responsabilidades, partilhar o poder, compartilhar informações, descentralizar enfim. Todo administrador defronta-se com o dilema da descentralização em face da centralização em algum momento da vida organizacional. A decisão é sempre difícil porque quando descentralizamos perdemos em visão global, em uniformidade de procedimentos, em custos, para ganharmos em agilidade, motivação, comprometimento, decisões mais próximas das reais necessidades de onde está a ação. Por outro lado, ao optarmos por centralizar ganhamos na eliminação de esforços duplicados, melhor uso dos especialistas e na consistência decisória, mas favorecemos erros, demora, desuniformidade, maiores custos.

Portanto, ao decidir entre centralizar e descentralizar, o administrador deve considerar primeiro os objetivos a serem atingidos e depois avaliar os seguintes aspectos: tamanho da organização, competência dos colaboradores, conjuntura econômica, mercado-alvo, facilidades de comunicação e todos aqueles que possam interferir no contexto.

12.4. ORGANIZAÇÃO

Organização é uma palavra que tem diversos significados, mas dois adquirem especial interesse para a administração, quais sejam "associação ou instituição com objetivos definidos" e "ato ou efeito de organizar". No primeiro caso estamos falando da entidade social, formal ou informal, objeto de estudo da Administração e no segundo trata-se da função administrativa, já definida por Fayol, que consiste basicamente em estruturar, estabelecer relações, integrar e dotar dos meios necessários os diversos recursos e órgãos da empresa.

A função de organizar, no entanto, tem diversas dimensões, pois está presente nos vários níveis da organização de forma diferente. Quando falamos em organizar globalmente uma empresa referimo-nos à arquitetura organizacional, ao desenho da empresa como um todo, que corresponde aos três tipos básicos:

a) Organização Linear: tipo mais simples e antigo de organização, é ideal para pequenas empresas devido à autoridade única, centralização das decisões, facilidade de implementação e clara delimitação de responsabilidades. Tem uma predisposição natural para a inflexibilidade e a rigidez, pois dificulta a iniciativa e a colaboração. Quando é muito autocrática, só funciona com a presença constante da liderança;

b) Organização Funcional: segue o princípio da especialização do trabalho e da autoridade funcional com cada órgão tendo uma função especializada e distinta dos demais. As decisões são descentralizadas, a comunicação ocorre de forma direta quando necessário e há uma melhor qualidade de supervisão técnica. Quando é muito descentralizada e há pouca integração e coordenação, existe o risco real de confusão quanto aos objetivos, concorrência entre departamentos e conflitos de interesses. Este tipo de organização é recomendada para pequenas e médias empresas e por períodos determinados;

c) Organização Linha-Assessoria: é o tipo mais completo, especialmente indicado para grandes empresas que têm funções muito complexas e diversificadas, não obstante, ser o tipo mais utilizado por empresas dos mais variados tamanhos, tais suas vantagens. Ela permite a coexistência eficiente da estrutura linear com a funcional e fornece subsídios de alta qualidade técnica por órgãos especializados (staff ou assessoria) para a tomada de decisão. A administração deve ter cuidado para manter o equilíbrio entre os órgãos de linha e de assessoria e evitar conflitos desnecessários.

Tabela 12.1. Diferenças entre Órgãos de Linha e de Assessoria.

ÓRGÃOS DE LINHA	ÓRGÃOS DE ASSESSORIA
Voltados para o cliente externo	Voltado para o cliente interno
Autoridade para decidir e comandar	Autoridade para sugerir, recomendar
Ligada aos objetivos e atividades fins da empresa	Ligada ao apoio aos objetivos e às atividades meio da empresa

Há um quarto tipo de organização, caracteristicamente provisório, que é denominado de comissão e só é empregado quando existe um assunto de relevância a ser estudado, que necessita de decisão e julgamento de profissionais qualificados de diversos departamentos e que vai influir em influir em várias áreas da empresa. Uma comissão pode ou não constar da estrutura formal da empresa, mas no segundo caso, não gozará do poder legitimado e poderá ter dificuldades para concretizar sua missão.

O administrador quando optar por formar uma comissão, também conhecidas por juntas, comitês, conferência, grupos de estudo ou trabalho, deve estar atento ao custo, ao cronograma dos trabalhos, à seleção dos membros, à disponibilização dos recursos necessários aos estudos a serem desenvolvidos, para não incorrer na falha comum de demorar muito e não se conseguir chegar a um resultado efetivamente eficaz.

12.5. DEPARTAMENTALIZAÇÃO

Departamentalizar consiste em especializar os diversos órgãos da empresa visando a aumentar a qualidade das saídas e resultados desses mesmos órgãos, ou seja, trata-se de agrupar atividades da forma mais eficiente possível. Essa departamentalização pode ser vertical, quando se criam mais níveis hierárquicos com o intuito de melhorar a supervisão e o controle, e horizontal, quando a intenção é aumentar a eficiência, a perícia e a especialização com a criação de departamentos no mesmo nível hierárquico, baseados na homogeneidade de funções.

Ambos os tipos de departamentalização, extremamente comuns às grandes organizações, complementam-se e dificilmente poderemos nos utilizar de um sem lançar mão do outro. A vertical refere-se à especialização do trabalho de supervisão e implica necessariamente na divisão da autoridade e da responsabilidade pela organização, portanto, seu critério é único.

Já a departamentalização horizontal é uma divisão do trabalho fundamentada nos diversos tipos de tarefas que são realizados pela organização e, portanto, pode obedecer a diversos critérios:

a) Funcional: é o tipo mais comum para organizar atividades e consiste em juntá-las conforme suas funções (produção, vendas, finanças etc.). O Administrador agrupa todos os especialistas sob um única chefia de modo a maximizar a eficiência técnica. É preciso cuidado para manter a coordenação e a colaboração interdepartamental.

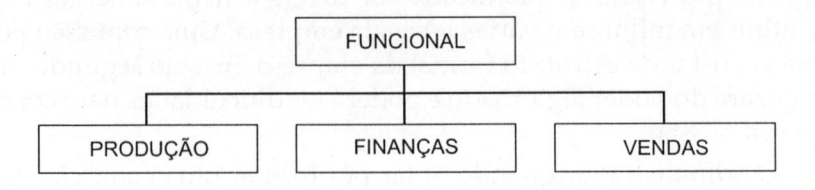

```
                    ┌─────────────┐
                    │  FUNCIONAL  │
                    └──────┬──────┘
            ┌──────────────┼──────────────┐
      ┌─────┴─────┐  ┌─────┴─────┐  ┌─────┴─────┐
      │ PRODUÇÃO  │  │  FINANÇAS │  │   VENDAS  │
      └───────────┘  └───────────┘  └───────────┘
```

b) Por produto/serviço: muito utilizada para empresas ou áreas focadas na inovação e na flexibilidade numa situação de mercado mutável. O agrupamento das atividades é baseado nos resultados, quer sejam serviços ou produtos. Requer-se atenção para não dispersar demais os especialistas.

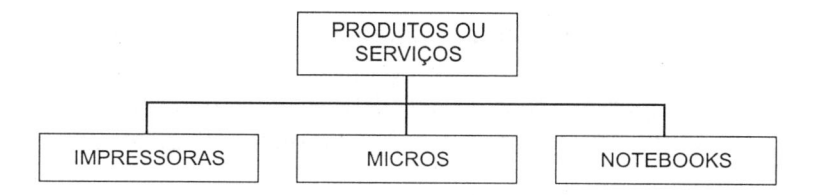

```
            PRODUTOS OU
             SERVIÇOS
    ┌────────────┼────────────┐
IMPRESSORAS   MICROS      NOTEBOOKS
```

c) **Geográfica**: homogeneização das atividades conforme um território, país, continente, área física, indicada para grandes corporações que atuam em mercados dispersos, especialmente empresas multinacionais e transnacionais que precisam se ajustar às condições locais.

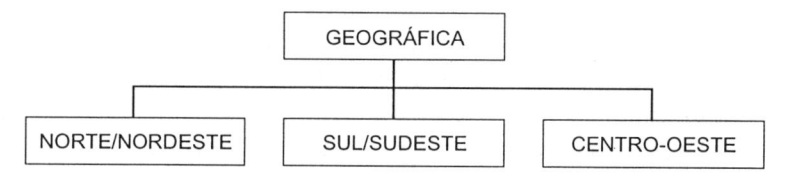

```
              GEOGRÁFICA
     ┌───────────┼───────────┐
NORTE/NORDESTE  SUL/SUDESTE  CENTRO-OESTE
```

d) **Por clientes**: quando o interesse máximo é realmente atender determinados tipos de clientes, é comum a empresa departamentalizar-se conforme as características desses consumidores, privilegiando canais mercadológicos específicos.

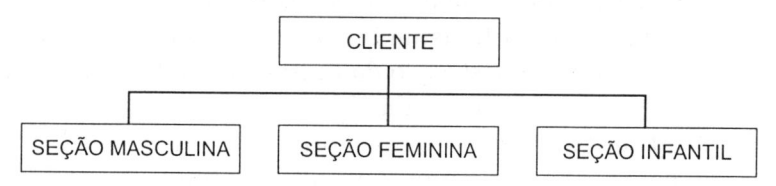

```
                CLIENTE
     ┌─────────────┼─────────────┐
SEÇÃO MASCULINA  SEÇÃO FEMININA  SEÇÃO INFANTIL
```

e) **Por processo**: abordagem introvertida que busca tirar vantagens máximas da tecnologia empregada na fabricação, dos equipamentos e das máquinas. É útil quando a tecnologia é relativamente estável pois apresenta pouca tolerância a modificações.

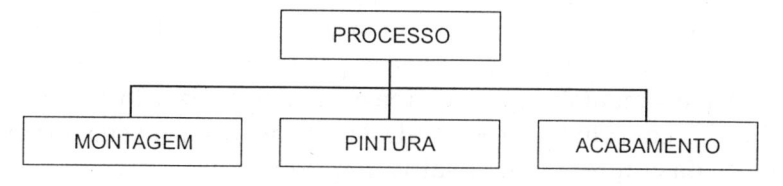

```
             PROCESSO
     ┌──────────┼──────────┐
  MONTAGEM   PINTURA   ACABAMENTO
```

f) Por mercado: quando opta-se por agregar as atividades em função do mercado a ser atendido que, por ser muito específico ou por guardar características extremamente singulares, dificilmente poderia ser satisfeito de forma genérica.

```
                    ┌─────────────┐
                    │   MERCADO   │
                    └──────┬──────┘
           ┌───────────────┼───────────────┐
    ┌──────┴──────┐ ┌──────┴──────┐ ┌──────┴────────┐
    │  FINANCEIRO │ │ EDUCACIONAL │ │ GOVERNAMENTAL │
    └─────────────┘ └─────────────┘ └───────────────┘
```

g) Por projetos ou matricial: trata-se de uma departamentalização temporária, embora não seja incomum durar vários anos, utilizada por empresas de grande porte para atender uma demanda específica que exige grande mobilização de recursos, alta inversão de capital, muita flexibilidade, concentração de especialistas e picos de trabalho. Só é indicada quando o empreendimento é realmente muito grande e complexo, exigindo uma organização nova totalmente voltada para aquele projeto. Geralmente é adotada por empresas consorciadas que se unem para fazer uma grande obra, ao término da qual desmontam completamente aquela estrutura especial. Um bom exemplo de departamentalização por projetos foi aquela adotada durante a construção da hidroelétrica de Itaipu, quando no auge da construção da represa foram empregados mais de 300 mil trabalhadores que foram sendo reduzidos gradativamente até desaparecer por completo todo o complexo, restando apenas a obra propriamente dita a ser tocada pelos contratantes das empreiteiras.

Ressalte-se que a departamentalização é um importante ferramental à disposição do administrador para ser utilizado na busca da maior eficiência organizacional e é muito comum que sejam utilizados vários critérios ao mesmo tempo, mesclando as vantagens de um tipo com as de outros. Portanto, quase sempre encontraremos mais de um tipo de departamentalização em uma mesma organização, podendo ser classificadas em principal e secundárias, de acordo com sua abrangência dentro da empresa e sua relativa importância.

12.6. CONCLUSÕES

Os neoclássicos revalorizaram e atualizaram os conceitos clássicos de Administração, bem como ampliaram seu campo de estudo e aplicação. Não obstante, houve importantes inovações e contribuições para a Teoria Administrativa.

A grande maioria das organizações modernas ainda utilizam os princípios neoclássicos e não se vislumbram mudanças nesse cenário, pelo menos a médio prazo. A departamentalização, por exemplo, é uma característica universal das empresas, tal sua racionalidade e eficiência.

Abordagem Comportamental

CAPÍTULO 13

13.1. BEHAVIORISMO

O behaviorismo (ing. *Behaviour*, comportamento) ou comportamentalismo, nasceu no início do século XX com os trabalhos de J. B. Watson psicólogo norte-americano. Essa escola da psicologia científica defende uma maior importância da psicofisiologia e dos fatores do meio ambiente sobre o comportamento humano do que dos fatores inatos. O ponto focal de seus estudos e pesquisa centra-se nas questões de aprendizagem e em suas formas mais elementares, tais como o condicionamento.

O behaviorismo incorporou-se à Administração a partir do momento em que passou a se interessar pelos assuntos pertinentes aos fenômenos da motivação humana. Também nos campos da psicologia, ciências sociais e lingüística, grandes foram suas contribuições e ainda hoje, seus princípios fundamentados na observação dos comportamentos continuam sendo amplamente aceitos mesmo pelos psicólogos de correntes mais modernas.

Ao behaviorismo de Watson, os estudiosos de Administração acrescentaram também os trabalhos desenvolvidos a partir da década de 1930 por Hull e Skinner, *neobehavioristas*, que se utilizavam mais da experimentação e das pesquisas, de Tolman, que admitiu a intervenção de variáveis mentais na determinação do comportamento e, posteriormente, os estudos de Maslow e Herzberg.

13.2. O COMPORTAMENTO HUMANO NA ORGANIZAÇÃO

A forte oposição entre as teorias Clássica e de Relações Humanas levaram os estudiosos posteriores de Administração a começar a refletir e aceitar que o ser humano não era tão mesquinho e limitado quanto pregava a primeira escola nem tão bom e ingênuo quanto defendia a segunda.

Na verdade, os estudos da psicologia social, a partir da década de 40, que procuravam entender o ser humano como um ser complexo, dotado de necessidades, aptidão para aprender, habilidade lingüística e capacidade de colaborar e competir, explicavam o comportamento humano muito mais em função de necessidades complexas e diferenciadas do que em razão de modelos simplistas tipo *homo economicus*.

De fato, embora o ser humano não tenha a vocação inata para a mentira, tanto que os modernos detetores de mentira estão baseados justamente no estresse causado na voz e na alteração de sinais vitais do mentiroso, que permitem identificar com relativo grau de certeza uma mentira, não se pode negar que, quando necessário, o ser humano mente, bem e muito, sempre que há grande interesse em jogo. Portanto, é lícito admitir que o ser humano tem diversos comportamentos, ditados conforme suas necessidades em um dado contexto.

Para a Administração é fundamental conhecer as necessidades humanas e compreender o comportamento dos membros da organização a fim de utilizar a motivação como importante instrumento para melhorar a gestão empresarial, a eficiência organizacional e a qualidade de vida e trabalho de todos os membros da organização.

13.3. TEORIA DA HIERARQUIA DAS NECESSIDADES DE MASLOW

Segundo Abraham H. Maslow, somente uma necessidade não satisfeita é que pode motivar o ser humano a agir ou adotar um determinado comportamento. Ocorre que existe uma hierarquia de necessidades, de tal forma que uma pessoa só está apta, ou melhor só se preocupa com o atendimento de uma necessidade, caso as necessidades mais básicas ou mais importantes para a sobrevivência forem atendidas antes.

Figura 13.1 Hierarquia das Necessidades.

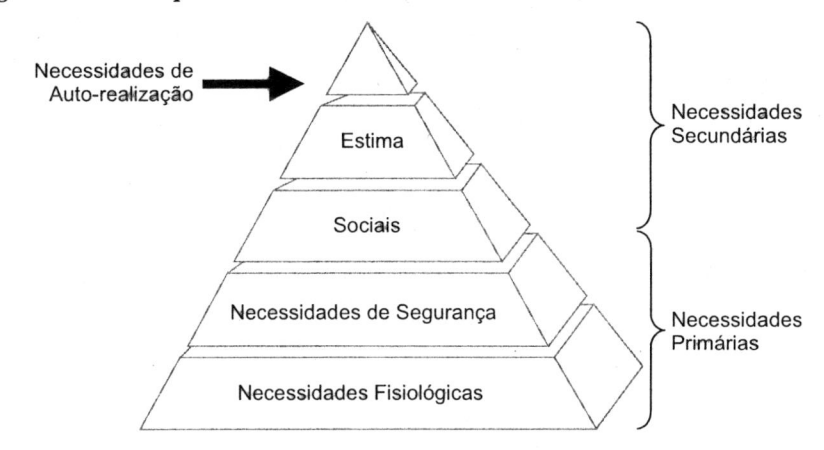

```
                    /\
                   /  \
 Necessidades de  /____\
 Auto-realização →/      \
                 /  Estima \         } Necessidades
                /_____\          Secundárias
               /   Sociais   \
              /_____\
             / Necessidades de \
            /     Segurança     \   } Necessidades
           /_____\    Primárias
          / Necessidades Fisiológicas \
         /_____\
```

Pela figura acima pode-se notar que as necessidades fisiológicas estão na base da pirâmide e portanto, devem ser as primeiras a serem satisfeitas. É fácil perceber a lógica extremamente fria no raciocínio de Maslow: um homem com fome (necessidade fisiológica) dificilmente vai preocupar-se, por exemplo, com aceitação grupal (necessidade social). É necessário primeiro matar a fome para passar a se preocupar com as necessidades mais altas, ou seja, à medida que as necessidades mais "baixas" vão sendo satisfeitas, é que vão surgindo as necessidades mais "altas". É lógico que não se trata de uma satisfação completa, mas de uma satisfação suficiente para deixar de preocupar excessivamente uma pessoa e permitir que ela se concentre em outro tipo de necessidade.

13.4. TEORIA DOS DOIS FATORES

Explorando as conclusões de Maslow, Frederick Herzberb abordou a questão das fontes de motivação relacionando-as com o trabalho e sua execução. Ele percebeu que as necessidades mais altas (sociais, estima, auto-realização) eram fatores de motivação ou satisfação, portanto, fatores satisfacientes, enquanto que as necessidades localizadas mais abaixo na pirâmide eram fatores de insatisfação ou desmotivação, logo, fatores insatisfacientes (básicas e de segurança).

Herzberb chamou os fatores insatisfacientes de "fatores de higiene", pois são necessidades muito básicas que as pessoas de forma geral têm a certeza de satisfazer. A conclusão é de que os fatores higiênicos apenas evitam a insatisfação e não estão diretamente ligados ao trabalho, de modo que o atendimento dessas necessidades básicas não implica necessariamente em maior eficiência na execução das atividades laborais.

Já os fatores satisfacientes ou motivacionais (necessidades superiores) estão diretamente ligados à satisfação com o trabalho e implicam diretamente em maior eficácia, produtividade e eficiência.

De qualquer forma, a administração tem que estar atenta para manter um nível mínimo de satisfação desses dois tipos de necessidades, ou pelo menos de expectativa de satisfação, pois do contrário, quer sejam higiênicos ou motivacionais eles poderão influir negativamente no desempenho do trabalhador na tarefa.

13.5. TEORIA X & Y DE McGREGOR E A TEORIA Z DE OUCHI

Douglas McGregor, em 1960, definiu dois tipos de gerentes, X e Y, e caracterizou os primeiros como tradicionais, que acreditavam que os subordinados precisam de supervisão constante, que não gostam de trabalhar, que são preguiçosos, que são motivados apenas por interesses próprios, enfim, uma visão de *homo economicus*. Os gerentes Y, por sua vez, seriam aqueles mais modernos, com uma visão mais positiva de seus subordinados, para quem eles são pessoas capazes, dispostas a colaborar, responsáveis, altruístas, em outras palavras, são naturalmente dispostas a fazer um bom trabalho, desde que haja condições para isso.

Já no final da década de 1970, William G. Ouchi, em seu livro, *Teoria Z: Como as Empresas Podem Enfrentar o Desafio Japonês*, estendeu um pouco a teoria de McGregor adaptando-a ao modelo japonês de administrar: decisão consensual e em grupo, emprego vitalício, participação do empregado na definição de melhorias do próprio trabalho, qualidade de vida. Trata-se portanto, não de uma teoria nova, mas de um conjunto de técnicas administrativas influenciadas pela filosofia e pelos costumes japoneses.

13.6. TEORIA DOS MOTIVOS HUMANOS

Os estudos de McClelland, posteriormente ratificados por pesquisas na gigante multinacional AT&T, mostraram que há certas necessidades que são aprendidas em função da interação humana com o meio social, as quais seriam as seguintes: de realização, poder e de afiliação. Essas necessidades, aprendidas, estão presentes em todos, mas uma delas apenas sobressai na personalidade de cada um.

De acordo com a necessidade mais importante de cada um, é possível estabelecer qual o melhor ambiente de trabalho para cada pessoa. Por exemplo, uma pessoa com alta necessidade de poder é bem mais competitiva que a média e apresenta desempenho maior se puder subir rapidamente na hierarquia. Um gerente desse tipo, trará melhores resultados para a organização se for colocado em um ambiente competitivo em que possa tomar decisões e responder por elas. Já um colaborador cuja maior necessidade é de realização, será muito mais útil à empresa se estiver em um contexto no qual possa exercer plenamente sua criatividade e atuar como verdadeiro empreendedor.

Funcionários com grande necessidade de afiliação são mais propensos a ambientes estáveis, onde possam criar raízes, estabelecer relacionamentos duradouros, portanto, esse tipo de pessoa para trazer melhores resultados organizacionais deve ser alocado em setores mais estáticos e de pouca mudança. A administração deve ter o cuidado de lotar as pessoas nos ambientes de trabalho mais propícios ao seu desempenho.

13.7. TEORIA DO REFORÇO

Parte das pesquisas de Skinner, as quais mostraram que comportamentos reforçados por estímulos positivos tendem a se repetir, enquanto que comportamento punidos ou castigados têm grande probabilidade de não ocorrerem novamente.

Na administração, os reforços são aplicados, os comportamentos vão sendo aprendidos e as conseqüências são recompensadas ou punidas, visando a manter apenas aqueles resultados desejados.

O administrador, de acordo com esses pressupostos teóricos, seria realmente capaz de modificar comportamentos de seus subordinados na direção desejada, mas para que isso ocorra de fato, faz-se necessário um absoluto controle do meio ambiente laboral.

13.8. TEORIA DA EXPECTATIVA

Vroom explica o comportamento humano com base em metas individuais e respectivas expectativas de sucesso. O homem como um animal racional é capaz de escolher determinados resultados e fazer expectativas realistas das chances de conseguir alcançá-los, sublimando necessidades básicas (Maslow/Herzberg) ou até mesmo vencendo barreiras aparentemente intransponíveis. Um maratonista, por exemplo, é capaz de sublimar fome e sede porque acredita na vitória, alguns até desmaiam logo após cruzar a linha de chegada. Não só no esporte há esse tipo de situação, que é também comum no trabalho, pois há casos conhecidos por todos, de executivos que deixam de ter uma vida social (necessidades sociais), pouco dormem, alimentam-se muito mal (necessidades básicas) para conseguir cumprir um cronograma ou concluir um grande projeto na expectativa de receber a justa recompensa pelo seu esforço.

De acordo com essa teoria, a administração deve ter o cuidado de vincular as recompensas, desejadas pelo interessado e realmente merecidas, ao desempenho individual do colaborador, para que ele seja adequadamente motivado.

13.9. TEORIA DA EQÜIDADE

Fayol, em seu 11º princípio geral de administração, já mencionava a importância da eqüidade nas relações de trabalho, principalmente nos fatores relacionados à remuneração e às recompensas, mas somente com Stacy Adams, da General Electric, é que vislumbrou-se a força motivadora da luta pela igualdade dentro das organizações.

Em outras palavras, se um funcionário percebe que está sendo injustiçado pelo sistema de remuneração ou de recompensas adotado pela empresa, fatalmente haverá conflitos de naturezas diversas. Por outros lado, a percepção de que o processo de distribuição de recompensas é justo e coerente com habilidades e potenciais individuais, tais como, experiência, escolaridade, tempo de serviço etc., leva os colaboradores a acreditar na empresa, buscar aprimoramento e melhor desempenho, na certeza de que, comparativamente com os demais, será tão habilidoso quanto os outros e com isso também terá sua recompensa.

13.10. SISTEMAS DE ADMINISTRAÇÃO

Chester Barnard, outro estudioso de Administração, também behaviorista, definiu as organizações como sistemas cooperativos onde há interação entre duas ou mais pessoas cooperando para atingir um objetivo comum, desde que haja justificativa para esse esforço. Naturalmente quando a organização é pequena, os objetivos pessoais confundem-se com os organizacionais.

Chris Argyris, admitiu que é perfeitamente possível a integração de interesses pessoais e organizacionais, o que permitiria às empresas atingir alta produtividade. Desse modo a responsabilidade para criar e manter este clima de cooperação e integração de esforços é da Administração que deve e pode gerir a organização de modo a contribuir enormemente com o desenvolvimento do potencial individual e da própria organização.

Tabela 13.1 Sistemas de Administração.

	COERCITIVO	BENEVOLENTE	CONSULTIVO	PARTICIPATIVO
Decisões	Centralizadas	Pequena delegação	Consultadas	Delegadas
Comunicação	De cima para baixo	De cima para baixo e vice-versa	Verticais e laterais	Todas as direções
Relações Interpessoais	Proibido	Toleradas	Confiança	Envolvimento
Recompensas	Punições	Punições justificadas	Materiais e sociais	Simbólicas e sociais
Tipos de empresas	De baixa tecnologia	Indústrias	Serviços	Alta tecnologia

Rensis Likert, ainda dentro dos pressupostos do behaviorismo, estabeleceu quatro sistemas diferentes de administração, que podem ser adotados pelo administrador para buscar maior eficiência organizacional, conforme características do meio ambiente, da tarefa, da situação e de outras variáveis significativas. Os sistemas propostos por Likerk estão resumidos na Tabela 13.1.

13.11. CONCLUSÕES

A Administração é a grande responsável pelo desenvolvimento do potencial individual e organizacional e para isso conta com várias teorias motivacionais capazes até mesmo de determinar papéis humanos dentro das organizações de acordo com os objetivos organizacionais e em conformidade com os individuais.

Não obstante, deve-se ter cuidado ao aplicar as ciências do comportamento nas empresas para não cair na tentação de pôr ênfase demais nas pessoas e exagerar na consideração de conceitos opostos do tipo satisfeito/insatisfeito, satisfaciente/insatisfaciente, racional/não racional.

A Abordagem Comportamental é muito mais descritiva que prescritiva, embora tenha propiciado uma profunda reformulação na filosofia administrativa com novos conceitos e voltando a análise organizacional para a dimensão do comportamento humano.

Não se pode deixar de mencionar, finalmente, a grande valorização do recurso humano na Teoria da Administração que foi trazida pelos behavioristas, pois enquanto os clássicos, de forma simplista e mecanicista, consideravam as pessoas como seres passivos e as Relações Humanas apenas identificaram nos trabalhadores algumas poucas necessidades e valores pessoais que os impeliam a participar das organizações, os behavioristas foram muito mais além, pois reconheceram que as pessoas raciocinam, têm opinião, resolvem problemas e decidem em função não só de necessidades, mas principalmente em função da percepção da situação problemática.

Abordagem Contingencial

CAPÍTULO 14

14.1. CONTINGENCIALISMO

Com certeza você já ouviu falar em um plano de contingência e deve ter pelo menos uma vaga noção do que isso significa. Esse tipo de plano é elaborado com a intenção de prever ações a serem adotadas no caso de ocorrer alguma situação fora daquilo que seria normalmente esperado, ou seja, é uma maneira de procurar se preparar para tudo. A passagem do ano 1999 para 2000 gerou, por exemplo, uma série de medidas de adequação dos computadores para o novo padrão de datas com quatro dígitos e tudo parecia que ia ocorrer direito, como de fato ocorreu. Não obstante, todas as empresas e instituições fizeram planos de contingência para o caso de os computadores darem pane no dia 1º de janeiro de 2000.

Portanto, contingencial significa alguma coisa que pode ou não acontecer, algo incerto, mas que deve ser considerado. Em Administração essa palavra é muito cara, pois lidando com competição acirrada, novas tecnologias surgindo a cada dia, mercados instáveis, capitais extremamente voláteis, consumidores cada vez mais exigentes e conscientes de seus direitos é praticamente impossível para o administrador agir com certeza absoluta, saber exatamente que rumo tomar ou traçar planos inflexíveis. Em outras palavras, o meio ambiente hoje é muito pouco estável, contingencial mesmo. A todo momento ocorrem situações que não foram ou não podiam ser exatamente previstas e de qualquer jeito têm de ser enfrentadas. Por isso, a abordagem contingencial é tão importante para a ciência administrativa.

Ela admite que não há uma fórmula única, uma panacéia, uma receita universalmente válida para resolver todos os problemas administrativos, mas que as variáveis envolvidas no problema em questão e as condições daquele momento é que vão determinar a melhor abordagem a ser adotada. Isto não quer dizer que as escolas vistas até aqui perdem o sentido e a propriedade, pelo contrário, a abordagem contingencial valida todas as demais, ao reconhecer que para cada situação há uma forma diferente e mais adequada de análise e solução.

14.2. A TEORIA DA CONTINGÊNCIA NA ADMINISTRAÇÃO

Essa escola afirma que tudo é relativo e que é o meio ambiente que vai determinar as teorias e as técnicas a serem utilizadas pelo Administrador, bem como quais devem ser as melhores alternativas de ação administrativa a serem adotadas, sempre numa postura flexível e aberta de "se isso ocorrer, então se fará isto".

Foi a socióloga inglesa Joan Woodward que primeiro questionou se os pressupostos das diversas teorias administrativas realmente se correlacionavam positivamente com os resultados organizacionais. Ela então, em 1958, coordenou uma pesquisa com 100 empresas e dividiu esse grupo por tipo de produção: unitária, em massa e automatizada. Esse estudo permitiu-lhe concluir que a estrutura organizacional era dependente do tipo de tecnologia empregada, pois entre outras coisas, ela confirmou que quanto mais previsível era a produção, maior o número de níveis hierárquicos na empresa. Além disso, ela verificou o que denominou de imperativo tecnológico, ou seja, era a tecnologia que determinava não só a estrutura, mas também o comportamento da organização, portanto, a empresa era diretamente dependente do seu meio externo e não o contrário.

Em 1961, dois outros sociólogos também ingleses, Burns e Stalker, confirmaram, através de novas pesquisas que o meio ambiente era realmente o imperativo que determinava tanto a estrutura como o próprio funcionamento das empresas, pois as práticas administrativas variavam enormemente de empresa para empresa, sempre respeitando as exigências de seu meio ambiente externo. Esses dois pesquisadores diferenciaram as empresas em dois tipos de sistemas, conforme a tabela seguinte:

Tabela 14.1

CARACTERÍSTICAS	SIST. ORGÂNICO	SIST. MECÂNICO
Meio ambiente	Instável, Dinâmico	Estável
Estrutura	Flexível	Permanente
Autoridade	Conhecimento	Hierárquica
Funções	Cargos Polivalentes	Especialistas
Processo Decisório	Centralizado	Descentralizado
Comunicações	Verticais	Horizontais
Ênfase Organizacional	Informal	Normas e regulamentos
Teorias Aplicadas	Relações Humanas/Sistemas	Clássica

Em 1962, um historiador de empresas, chamado Chandler, estudando historicamente a Sears, General Motors e Dupont, descobriu que essas empresas, ao longo de toda sua existência vinham alterando continuamente, de acordo com as demandas impostas pelo meio ambiente, não só suas respectivas estruturas organizacionais, como também as estratégias adotadas. Chandler verificou que as empresas longevas e de sucesso atravessaram um processo histórico no qual evoluíram da simples acumulação de recursos, para a racionalização do uso desses recursos, sustentação do crescimento e racionalização do crescimento, sempre adaptando estrutura e estratégia às contingências do momento histórico.

Em 1972, Lawrence e Lorsch elaboraram uma pesquisa para identificar quais seriam as características que as empresas deveriam ter para enfrentar com sucesso as condições externas do meio ambiente, em três ramos industriais diferentes: plásticos, alimentos e recipientes. Os resultados dessa pesquisa, que deu o nome de teoria contingencial a essa nova abordagem administrativa, mostraram que os problemas básicos das empresas referiam-se a duas questões: integração e diferenciação.

Quanto mais uma organização cresce, mais ela se diferencia, ou seja, divide-se em subsistemas especializados (departamentos, seções, gerências etc.) para melhor desempenharem uma tarefa e assim atender mais adequadamente às demandas do meio ambiente. Por outro lado, ao diferenciar-se surge a necessidade inexorável de coordenar e unir os esforços desses vários subsistemas, ou melhor, de integrá-los no sistema maior que é a organização. É aí que reside o grande problema das organizações, que se mal resolvido leva-as à desestabilização e à desintegração.

Para funcionar, portanto, o sistema organizacional depende da perfeita integração de todos os seus subsistemas. O sucesso de uma empresa é expressão da capacidade de alta diferenciação conjugada a uma grande habilidade de integração, de modo a manter a organização permanentemente ajustada às necessidades de seu meio ambiente. Assim, não há um jeito único de administrar, pois o que ocorre é que as empresas precisam ser sistematicamente ajustadas às condições ambientais.

14.3. O AMBIENTE ORGANIZACIONAL

Tudo o que envolve externamente uma organização é considerado como seu meio ambiente, incluindo clientes, fornecedores, tecnologia, leis, economia, política, ecologia, cultura, tudo enfim que afete ou seja afetado direta ou indiretamente pela organização. O ambiente tem duas dimensões: a geral, mais ampla e abrangente e a específica ou de tarefa, de onde a organização extrai suas entradas e para onde expele suas saídas.

Independentemente da empresa, seu ambiente pode ser homogêneo (poucos tipos de mercados), ou heterogêneo, quando guarda grandes diferenças de mercado, clientes, fornecedores, concorrentes etc. O ambiente pode ainda ser classificado como estável, quando há poucas mudanças, ou instável, se as mudanças são freqüentes e variadas.

O meio ambiente possui uma variável tecnológica, extremamente singular, como demonstrou Woodward, que é incorporada pelas empresas para o seu meio ambiente interno e a partir daí, passa a influenciá-lo. Thompson classificou a tecnologia em seqüencial (produção em massa realizada em série), de ligação ("conectar clientes — telefonia), intensiva (várias habilidades e especializações — hospitais), flexível (aplicável a vários tipos de produtos) e fixa (só utilizável em um único tipo de produto ou serviço).

A tecnologia acabou por fazer parte indissoviável do estudo da Administração, uma vez que no mundo moderno ela transformou-se em sinônimo de eficiência, racionalização, velocidade e qualidade.

14.4. ESTRATÉGIAS ORGANIZACIONAIS

Num cenário tão conturbado e incerto como é o meio ambiente empresarial hodiernamente, muitos gerentes questionam-se até que ponto é válido gastar seu precioso tempo com a elaboração de planos se, devido às contingências, tudo pode mudar e o planeamento literalmente ir por água abaixo. Alguns até advogam um estilo de administração *ad hoc* (de acordo com o momento, absolutamente contingencial) como melhor alternativa de gestão empresarial.

Cabe aqui uma diferenciação básica: o planejamento consiste em definir os objetivos organizacionais e isto é função básica da Administração, não há como fugir disso. Como resultado dessa função, surgem os planos que podem ser conduzidos, até certo ponto *ad hoc*. Um barco não chega a porto nenhum, por mais forte que sopre o vento, se não houver uma direção, um curso a seguir. É justamente nisso que reside a confusão. Uma organização, como um barco em um mar revolto, precisa de direção, de um norte, que só é possível na medida em que há planejamento. Não confundir com o planejamento tático (nível gerencial) que consiste na análise de alternativas para a realização da missão nem com o planejamento operacional que está ligado ao dia-a-dia, às rotinas, cronogramas e alvos de curtíssimo prazo. Observe que o nível tático é que está mais propenso para uma abordagem adhocrática que qualquer um dos outros dois níveis.

A função de planejar estrategicamente é que define o rumo e a missão da organização, através de diretrizes amplas e gerais (políticas) que vão fundamentar as estratégias a serem seguidas em um horizonte temporal extenso. Essas estratégias, entendidas como objetivos e metas de longo prazo e respectivos cursos de ação é que permitirão à empresa não perder o rumo nem o controle da situação em condições de risco e adversidade e ainda, ter outras alternativas estratégicas para o caso de necessidade.

Há várias técnicas que auxiliam na elaboração das estratégias organizacionais, tais como matriz BCG (Boston Consulting Group), desenho de cenários (desenvolvido pela Shell), análise competitiva, modelo de Porter baseado em baixo custo e diferenciação, modelo Delta (melhor serviço, *lock-in* de sistema, soluções para clientes) e vários outros, mas o importante em qualquer situação, é manter-se na direção para onde estiver migrando o valor dos negócios da empresa.

O segredo de qualquer estratégia é primeiramente estabelecer uma política global de relação com o cliente e definir algo único como ponto de diferenciação competitiva. Em segundo lugar adotar uma postura de competição não direta, na qual usa-se a força e o poder do adversário ao invés de enfrentá-lo diretamente num embate com grandes perdas para todos. São clássicos os casos de empresas que tentaram peitar frontalmente seus competidores diretos e só conseguiram encolher, quando não sair completamente do mercado (K-mart x Wal Mart; Netscape x Microsoft; Golias x Davi).

Finalmente, informação, muita informação com acesso em tempo real (hoje a tecnologia permite isso) e um pouco de sorte para estar no lugar certo na hora certa e perceber o momento certo de mudar.

14.5. CONCLUSÕES

Cada uma das teorias administrativas até agora estudadas apresenta uma diferente abordagem para a administração das organizações e reflete os fenômenos históricos, sociais, culturais e econômicos de sua época. Cada teoria representa soluções dentro de sua própria abordagem e abre uma grande variedade de opções à disposição do administrador.

A Teoria Contingencial enfatiza a multidimensionalidade das organizações e sugere delineamentos organizacionais e ações gerenciais para situações específicas, reconhecendo que não existe maneira melhor de administrar ou organizar pois tudo depende das circunstâncias e/ou do meio ambiente.

O administrador deve desenvolver suas habilidades de diagnóstico para que tenha a idéia certa no momento certo, uma vez que essa teoria aplica-se a incontáveis situações administrativas. Se o administrador quiser mudar o comportamento da organização, deverá atuar sobre as contingências ambientais para obter conseqüências diferentes e alcançar resultados melhores.

A Teoria Contingencial é eclética, integrativa e mistura teoria e prática em uma visão totalmente relativista. Ela nos mostra que "não existe uma única fórmula perfeita para todas as empresas. Existe, no entanto, uma fórmula perfeita para cada empresa. A tarefa do executivo é simplesmente criar a organização que melhor atenda a meta de entregar lucrativamente o valor mais alto aos clientes". Gertz e Baptista, *Crescer para Lucrar Sempre*, Campus, 1998, p. 135.

Organizações de Aprendizagem

15
CAPÍTULO

15.1. CONHECIMENTO E APRENDIZAGEM ORGANIZACIONAL

Embora Teodore Leavitt já tivesse tido a idéia de que organizações, como sistemas vivos, também têm a capacidade de aprender, adquirir novas habilidades e desenvolver comportamentos, como organismos superiores, somente na década de 80 é que se disseminou a abordagem da aprendizagem e do conhecimento empresarial, quando Peter Senger lançou o best-seller *"A 5ª Disciplina"*.

O ponto fundamental do livro de Senge era destruir a ilusão de que o mundo seria composto por forças isoladas (visão não-sistêmica) e conscientizar a liderança empresarial de que as organizações evoluem como instituições sociais fazendo parte de um todo maior interligado. Nesse sentido, Senge identificou "cinco disciplinas" que deveriam estar presentes nas pessoas e, conseqüentemente, nas organizações para garantir a aprendizagem e a realização das mais altas aspirações (necessidades de auto-estima).

O desenvolvimento organizacional dessas cinco disciplinas permitiria a empresa e a seus colaboradores engajarem-se a longo prazo, enxergar as falhas na maneira habitual de agir, ir além dos objetivos pessoais, motivar-se e compreender que os problemas não são causados por fatores externos ou fora de controle, mas por nós mesmos. A organização de aprendizagem seria, portanto, aquela que estaria continuamente expandindo a capacidade de criar o próprio futuro.

Tabela 15.1

DISCIPLINA	CONTEÚDO
Domínio Pessoal	Capacidade de concentrar energias no que é importante
Modelos Mentais	Paradigmas, idéias arraigadas na mente, difíceis de mudar
Objetivo Comum	União em torno de objetivos, valores e compromissos comuns
Aprendizado Grupal	Capacidade de raciocinar em grupo
Raciocínio Sistêmico	5ª disciplina, tudo está ligado no mesmo esquema

15.2. PROCESSOS ORGANIZACIONAIS

Processos são basicamente atividades seqüenciais estabelecidas pela Administração, dentro de normas e padrões previamente definidos, que realizadas geram uma saída transformada em algo de maior valor. Um processo, pode ser definido também como um conjunto de atividades destinadas a produzir serviços ou produtos desejados pelos clientes, de acordo com uma lógica preestabelecida e com agregação de valores, ou ainda resumidamente, atividades que transformam entradas conhecidas em saídas desejadas. De modo geral, qualquer atividade exercida por uma pessoa ou grupo de pessoas em uma organização, em que exista uma entrada, uma transformação e uma saída, pode ser considerada um processo.

Para atender aos clientes de maneira mais eficiente e aproveitar os conhecimentos adquiridos através do aprendizado junto aos seus consumidores, as empresas criam processos da frente para trás, que começam com o primeiro contato com os fornecedores e vão até os contatos finais com os clientes após a compra: assistência pós-venda, contrato de manutenção. Portanto, o aprendizado com os clientes permite à empresa concentrar-se não apenas nos processo que têm relação direta com a produção ou com o atendimento ao cliente, mas em todos os processos: entrada de pedidos, pesquisa, administração de escritório, contatos com clientes, entrega, logística, assistência técnica, garantia etc. À medida que a empresa vai sedimentando esses processos, ela aprende a entender melhor duas coisas: primeiro, quais processos realmente agregam valor e quais não agregam e assim ela pode aplicar seus conhecimentos organizacionais para descartar processos de baixo valor e manter e estimular os processos de alto valor agregado. Toda empresa tem pelo menos três tipos de processos fundamentais de alto valor:

a) Eficácia operacional: inclui todos os elementos da cadeia de fornecimento e seu foco principal é produzir a infra-estrutura de custo e ativos mais eficazes para garantir as operações da empresa;

b) Foco no cliente: compõe-se de todas as atividades que atraem, mantêm e satisfazem o cliente, assegurando um relacionamento duradouro e satisfatório com o cliente;

c) Inovação: todas as atividades que visem manter um fluxo contínuo de melhorias dos produtos e serviços existentes, bem como o desenvolvimentos de novos que possam garantir a permanência da empresa no negócio.

Os processos devem ser alvo constante de análise e avaliação a fim de mantê-los sempre em permanente aprimoramento e, como foi dito acima, eliminar os que já não agregam mais valor em nível suficiente para justificar sua existência na organização.

15.3. AS FUNÇÕES ADMINISTRATIVAS FRENTE ÀS NOVAS TENDÊNCIAS

Segundo essa nova abordagem organizacional, as empresas que de alguma forma não conseguem acompanhar e se adaptar às mudanças que acontecem em seu meio ambiente, sofrem de alguma deficiência de aprendizado: concentram-se em uma única função, não vêem que muitas vezes os maiores problemas são causados por fatores internos, concentram-se em objetivos de curto prazo, não sentem as mudanças ao redor, acreditam-se onipotentes e, finalmente, não percebem que os problemas e dificuldades estão mais ligados à maneira de pensar do que à estrutura ou à política organizacional.

Assim, a abordagem da aprendizagem e do conhecimento, permite que as organizações façam frente às novas tendências do mundo contemporâneo: incremento no ritmo das mudanças, turbulências e incertezas, fim do emprego, robotização, inteligência artificial, comoditização de produtos e serviços, extinção dos intermediários de baixo valor agregado, interconectividade e infinitização da informação, globalização dos consumidores e do mercado, biotecnologia, fundamentalismo religioso, colonização espacial (ISS é o primeiro passo), conscientização ecológica, restrição ao consumo dos recursos naturais, nova demografia, geração X, megafusões e outras que já começaram, mas ainda não conseguimos identificar com segurança.

As funções administrativas estarão aptas a encarar essas novas tendências desde que respeitem as leis do raciocínio sistêmico, que mostra que não existe o lá fora, mas tão-somente um grande sistema do qual todos fazem parte. Assim, pode-se ver que não há coisas isoladas, mas inter-relações e padrões de mudança.

Nesse contexto, as funções organizacionais deixam de ter uma abordagem tradicional departamentalista e assumem uma postura sistêmica. Nesse novo meio ambiente e de acordo com a Teoria da Aprendizagem Organizacional, um departamento de marketing, por exemplo, deixa de fazer qualquer sentido, pois sendo uma função organizacional, toda a empresa em seu conjunto deve fazer marketing. Trata-se de fato, de reposicionar as tradicionais funções empresariais como entidades dentro da organização.

As funções administrativas, agora compreendidas como entidades organizacionais, compõem uma complexidade dinâmica, estando profundamente relacionadas, de modo que não mais se divisam separações ou objetivos distintos. Dessa forma, a liderança deixa de usar a força e a política para vencer resistências e divisões e passa a recorrer às habilidades oriundas do aprendizado para identificar as verdadeiras causas dos problemas e promover a integração. Assim, evita-se a instabilidade, a oscilação e os conflitos, podendo-se chegar mais rapidamente aos objetivos e o crescimento é sustentado pela remoção dos fatores que o limitavam.

Integradas as funções, as pessoas passam a realmente assumir suas parcelas de responsabilidade sobre os problemas e evitam soluções fáceis que só os aliviam em vez de resolvê-los definitivamente, pois sabem que não há para quem transferir os ônus de uma decisão errada, uma vez que não existem "outros departamentos", mas tão-somente um sistema organizacional único.

15.4. A TEORIA E A GESTÃO DO CONHECIMENTO ORGANIZACIONAL

Organizações só aprendem através das pessoas que a compõem, ou seja, quem efetivamente aprende são as pessoas, embora a aprendizagem e o conhecimento adquirido venham a ser empregados na empresa como um todo, que em última instância é a maior beneficiária e democratizadora desse conhecimento, pois através dele também beneficia seus clientes, fornecedores e os próprios colaboradores internos.

O verdadeiro aprendizado organizacional ocorre apenas quando todas as pessoas em todos os níveis da organização aprendem, por isso a administração deve incentivar o domínio pessoal e estimular a criatividade individual, independente do nível hierárquico ocupado pelo empregado.

A teoria do conhecimento, decorrência natural da abordagem do aprendizado organizacional, descreve os esforços das organizações para descobrir, coletar e organizar o capital intelectual, ou seja, todo o conhecimento presente na empresa, como resume a Fig. 15.1.

O acesso rápido à informação é um valioso instrumento de gestão estratégica e o gerenciamento do conhecimento visa justamente a atender a demanda da organização por informações. Ao administrador do conhecimento organizacional cabe sistematizar a captação, o armazenamento e a disseminação de informação de interesse da empresa, produzida interna ou externamente, bem como instituir, preservar, disseminar e normatizar a produção do conhecimento organizacional.

O primeiro passo de uma gestão do conhecimento é compilar, registrar, traduzir em linguagem documentária os termos relacionados semântica e genericamente para cobrir de modo abrangente um domínio específico do conhecimento. Para isso há os meios tradicionais de arquivo do conhecimento organizacional: relatórios técnicos, de viagens, pareceres, publicações periódicas, projetos, manuais, guias, dossiês, livros.

A informática é atualmente a mais importante ferramenta para o administrador do conhecimento organizacional, principalmente se considerarmos as facilidades de internet, intranet e extranet que permi-

Figura 15.1

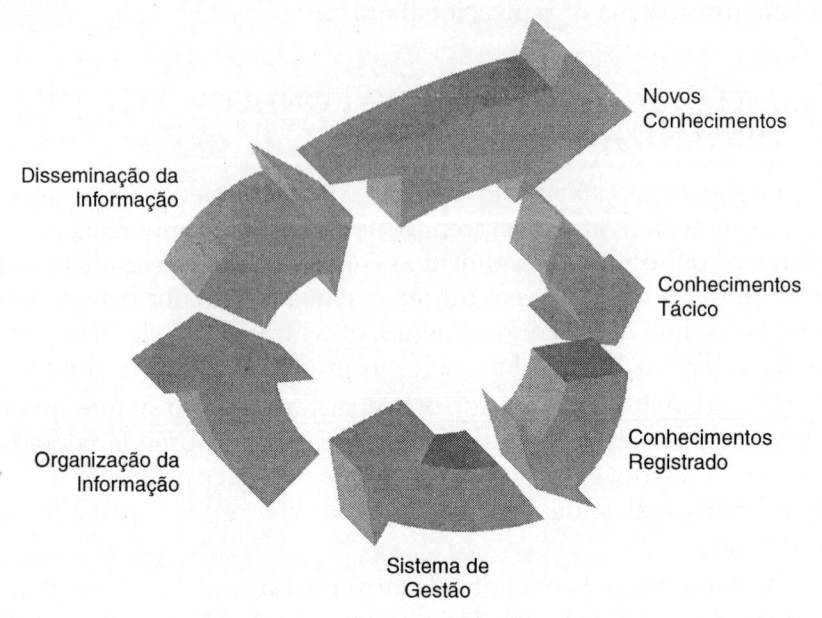

- Disseminação da Informação
- Novos Conhecimentos
- Conhecimentos Tácito
- Conhecimentos Registrado
- Sistema de Gestão
- Organização da Informação

tem acesso em tempo real às informação e dados de consumidores, da própria empresa e de fornecedores.

15.5. NOVAS CONFIGURAÇÕES ORGANIZACIONAIS

A era do aprendizado e do conhecimento organizacional trouxe enormes desafios para a Administração, principalmente porque fica cada vez mais difícil manter uma estrutura única, estática e definitiva para uma empresa, uma vez que o aprendizado implica necessariamente em evolução, aprimoramento e mudanças em consonância com o ambiente externo. A função de organizar, portanto, transcendeu as fronteiras da empresa e já busca novas alternativas estruturais que possam dotar as empresas da flexibilidade e da agilidade necessárias para vencer no atual mercado. Assim, estão surgindo novas configurações organizacionais, cujo foco é o cliente e a satisfação de suas necessidades, mesmo que para isso seja preciso unir-se a um concorrente, a fim de agregar à empresa as habilidades e competências que lhe faltam.

Atualmente, por exemplo, pode-se afirmar que as cadeias tradicionais de suprimento estão se rompendo e sendo substituídas por novas relações de fornecimento, maneiras diferentes de organizar negócios e entregar valor, mesmo em mercados industriais. E é exatamente isso que as configurações multilaterais, tais como alianças, organizações em rede e as organização virtuais estão fazendo:

a) Adhocracia é uma organização cuja estrutura privilegia a descentralização através da máxima especialização horizontal, poucas regras e normas, quase nenhum controle e o mínimo indispensável de níveis hierárquicos;

b) Alianças são associações de curta, média ou longa duração, entre duas (bilaterais) ou mais organizações (multilaterais) que precisam cooperar em função de necessidades e objetivos comuns. Nesse caso, habilidades, riscos e esforços são compartilhados;

c) Aliança estratégica é uma aliança com uma estratégia de negócios que lhe dá forma e estrutura;

d) Aliança horizontal: quando visa competências complementares vinculadas a informações, P&D ou oportunidades específicas;

e) Aliança transacional é aquela que tem alcance limitado a áreas específicas de duas ou mais empresas: publicidade cooperativa, compras etc.;

f) Aliança vertical estabelece-se dentro de uma mesma cadeia de valor para aproveitar a economia de escala dos parceiros em cada um dos elos;

g) Aliança competitiva não tem obrigações legais e visa apenas alcançar padrões ou objetivos específicos;

h) Co-especialização: aliança para criar maior valor como resultado da combinação de recursos, capacidades, habilidades, competências e conhecimentos de diferentes empresas que lhe destinam recursos únicos e especializados;

i) Cooptação é o mesmo que unir-se a possíveis concorrentes neutralizando-os;

j) *Joint-venture* é uma associação legal, geralmente apenas entre duas empresas, com a finalidade de criar uma nova cadeia de valor para penetrar em novos mercados. As empresas continuam agindo independentemente fora do mercado-alvo;

k) Organizações virtuais são alianças temporárias entre organizações que fazem parte de uma rede e juntas possuem as competências necessárias para oferecer um produto ou serviço desejado pelo cliente;

l) Organizações em rede: série de ligações, vínculos e dependências que se estabelecem entre um grupo de empresas;

m) Portfolio de alianças: grupo de alianças bilaterais, separadas, estabelecidas por uma organização;

n) Teia: grupo de alianças interdependentes, embora possam agir independentemente.

Alianças estão ligadas à estratégia organizacional e se desenvolvem à medida que se buscam soluções complexas que requerem recursos não disponíveis numa única empresa. A globalização e a acirrada competição vem impondo essas novas configurações, mesmo às organizações mais tradicionais, pois nem elas conseguem fugir da marcha inexorável do mercado rumo às megatendências do mundo moderno.

15.6. O CAPITAL INTELECTUAL

É importante ressaltar que o conhecimento apesar de ser intangível, pode ser medido com relativa precisão. Em 1995, a Skandia, uma empresa de seguros da Escandinava, divulgou seu relatório anual de Capital Intelectual (conhecimento organizacional), baseado no modelo "Navigator", de Edvinsson e Malone, que representou uma primeira tentativa metodológica de valorar o conhecimento organizacional. Grosso modo, podemos afirmar que o valor de mercado de uma empresa é dado pela equação abaixo:

Valor de mercado = valor contábil + capital intelectual.

Segundo Stewart, T. A. (1997), em meados da década de 90, a IBM tinha um valor de mercado de US$ 70,7 bilhões, enquanto que seu valor contábil era de apenas US$ 16,6 bilhões, ou seja, seu valor em capital intelectual era 4,25 vezes maior que a soma de seus ativos. Na mesma época, a Microsoft apresentava um valor de mercado de US$ 85,5 bilhões para um valor contábil de apenas US$ 930 milhões, portanto, seu capital intelectual valia 91,93 vezes mais que todos os seus valores passíveis de serem contabilizados.

De forma bem resumida, podemos classificar o capital intelectual como a soma do capital humano (pessoas e suas capacidades) e do capital estrutural, composto pelo capital de inovação (capacidade de a empresa estar sempre inovando), do capital de processo (a maneira única como a empresa sabe fazer as coisas) e pelo capital de relações (solidez, confiança e lealdade no relacionamento da empresa com seu meio ambiente: clientes, fornecedores, funcionários etc.).

Figura 15.2 Classificação do Capital Intelectual.

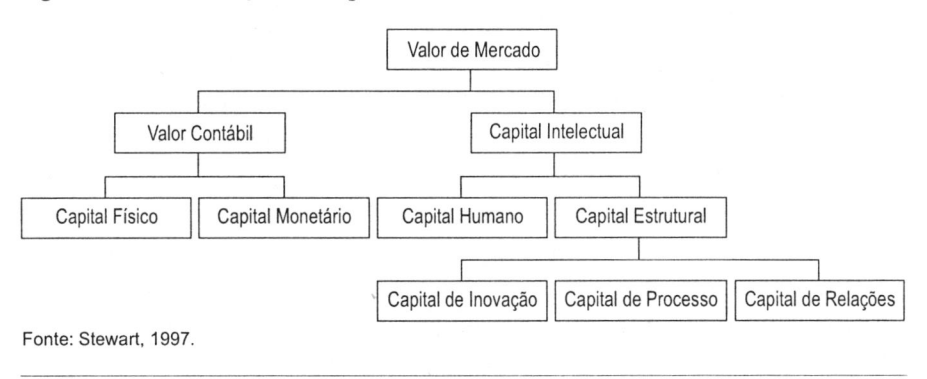

```
                    ┌─────────────────┐
                    │ Valor de Mercado│
                    └─────────────────┘
              ┌────────────┴────────────┐
       ┌──────────────┐         ┌──────────────────┐
       │Valor Contábil│         │Capital Intelectual│
       └──────────────┘         └──────────────────┘
         ┌──────┴──────┐           ┌──────┴──────┐
   ┌──────────┐ ┌──────────────┐ ┌────────────┐ ┌─────────────────┐
   │Capital   │ │Capital       │ │Capital     │ │Capital Estrutural│
   │Físico    │ │Monetário     │ │Humano      │ │                 │
   └──────────┘ └──────────────┘ └────────────┘ └─────────────────┘
                                            ┌────────┬────────┴────────┐
                                  ┌──────────────────┐ ┌──────────────────┐ ┌──────────────────┐
                                  │Capital de Inovação│ │Capital de Processo│ │Capital de Relações│
                                  └──────────────────┘ └──────────────────┘ └──────────────────┘
```

Fonte: Stewart, 1997.

15.7. CONCLUSÕES

Organizações, assim como os seres humanos que as compõem, têm a capacidade de aprender e desenvolver novos conhecimentos, novas tecnologias e novas competências. Os erros são parte dessa aprendizagem e devem ser encarados como experiências cujos benefícios ainda não foram extraídos.

À Administração cabe criar uma cultura organizacional onde as pessoas tenham a liberdade de criar seus próprios objetivos, na qual o compromisso com a verdade seja a regra maior e o desafio permanente seja o de mudar para melhor. As novas idéias têm que fluir naturalmente, livres das amarras dos paradigmas que limitam o pensar e o agir das pessoas dentro da organização. O clima, reflexo dessa cultura, deve ser de engajamento total, para que as pessoas sintam-se estimuladas não pela derrota do oponente, mas pelo sentimento real de estarem contribuindo com um objetivo maior, fazendo tudo que é necessário dentro de suas competências.

O administrador precisa transformar o planejamento habitual em aprendizado e para isso pode contar com inúmeras técnicas, mas o mais importante é abrir espaço para que os colaboradores participem da responsabilidade pelo todo e não apenas de sua parte. O aprendizado em grupo só será possível na medida em que a capacidade grupal de criar os resultados que seus membros realmente desejam esteja efetivamente alinhada com o processo de desenvolvimento dos objetivos organizacionais. De fato, o grupo deve aprender a canalizar o potencial criativo de todas as pessoas que o compõe, de tal forma que a inteligência grupal seja muito maior que a soma das inteligências individuais.

Nas organizações de aprendizagem todos participantes são livres para levantar objeções, apresentar sugestões, dar opiniões e, sobretudo, manter o diálogo aberto. Enquanto as organizações tradicionais precisam de sistemas administrativos que controlem o comportamento das pessoas, as organizações de aprendizagem estão empregando todos os esforços para melhorar a qualidade de raciocínio, a capacidade de desenvolver objetivos comuns e a análise grupal de problemas complexos. O fato de não haver um controle explícito nas organizações de aprendizagem, não quer dizer que não haja controle algum, pelo contrário, o controle mais efetivo é aquele que está distribuído em vários processos por todo o sistema, como por exemplo o sistema imunológico de um ser humano saudável.

Finalmente, pode-se dizer, conforme Tomasko (*Crescer, não Destruir*. Campus, 1977, p. 223), que o Aprendizado Organizacional ocorre quando "gera-se ou adquire-se novo conhecimento, mudanças são efetuadas com espírito de experimentação e não a partir de uma certeza absoluta, o erro é aceito como uma oportunidade de aprender algo novo e não como motivo de punições e novas idéias são amplamente disseminadas e geram mudanças no que os funcionários e gerentes estão fazendo".

Gestão Organizacional Frente aos Novos Paradigmas

CAPÍTULO 16

16.1. TEORIA E TÉCNICAS ADMINISTRATIVAS

Há muitas formas diferentes de pôr em prática as várias teorias vistas até agora. Cada uma dessas formas constitui uma técnica, ou seja, técnica nada mais é que a teoria posta em prática. Embora o senso comum afirme que "na prática a teoria é diferente", qualquer profissional com boa formação acadêmica sabe que "não existe nada mais prático que uma boa teoria", portanto, ao administrador caberá definir qual a teoria mais adequada a uma determinada situação e posteriormente aplicar a técnica melhor apropriada.

Não há mais necessidade de falar sobre as mudanças, sobre os novos paradigmas ou mesmo sobre globalização e seus desafios, pois tudo o que se precisava mencionar, neste contexto, já o foi. A verdade é que mudança sempre houve e sempre haverá. Alguém disse que "a única certeza hoje é a mudança", frase essa que seria perfeita se ele tivesse acrescentado ontem, hoje e amanhã. A mudança está presente desde que o mundo existe e nunca foi diferente, portanto não há motivo para qualquer temor, pois em termos de mudança, nada mudou, ou seja, o mundo continua mudando, como sempre. A única diferença é que a velocidade das mudanças aumentou, só isso, mas o Administrador dispõe de amplo ferramental para acompanhar esse novo ritmo.

A seguir serão apresentadas algumas técnicas, de forma resumida, que embora sejam algumas até muito recentes, não deixam de estar baseadas nas teorias vistas até aqui. Quando se fala no famoso 5S japonês, por exemplo, está-se referindo exatamente aos princípios de preparação de Taylor, organização e disciplina de Fayol; a revolução do capital intelectual é teoria da aprendizagem pura, que já é um desdobramento da teoria sistêmica; qualidade total mistura teoria clássica com relações humanas; *downsizing* usa princípios neoclássicos etc. O fato é que as técnicas são infinitas e o administrador sempre estará tomando conhecimento da última novidade, mas a teoria, que é o mais importante, esta estará sempre na moda e não se desatualiza nunca.

16.2. ADMINISTRAÇÃO POR OBJETIVOS — APO

Como foi visto na abordagem Neoclássica, a atenção dos teóricos da administração dessa época foi focalizada nos objetivos e resultados organizacionais. No ano de 1954, Peter Drukcer, então neoclássico, publicou um livro chamado *The Practice of Management*, no qual ele basicamente apresentava o que era a Administração por Objetivos.

Essa técnica, consiste em estabelecer objetivos de maneira participativa, na qual superior e subordinado acordam suas metas em estreita consonância com os objetivos de cada departamento de tal forma que todos os objetivos na organização sejam consensuais e estejam interligados.

Todo o planejamento (estratégico, tático e operacional) é definido com base na mensuração e no controle, de modo a permitir o permanente acompanhamento da evolução do cumprimento das metas vinculadas aos objetivos estabelecidos. Os planos são, portanto, continuamente avaliados, revisados e, se necessário, modificados para garantir o efetivo acompanhamento do desempenho organizacional como um todo.

Os gerentes e o staff devem ter participação ativa no processo de fixação dos objetivos, pois do contrário ele não funcionará. Os objetivos precisam ser quantificáveis, relevantes, concordantes com os objetivos organizacionais, estimular o trabalho em equipe, o compromisso, a auto-avaliação e a autocorreção.

Portanto, a APO é de fato uma técnica participativa de planejamento e avaliação, através da qual superiores e subordinados estabelecem conjuntamente os objetivos que são sistematicamente acompanhados.

A APO melhora o planejamento, o moral e a motivação porque deixa claro os objetivos e os padrões de controle. Por outro lado, é preciso cuidado para não transformá-la em um meio de coerção e intimidação dos funcionários, acabando por degenerar em simples pressão por aumento de lucros.

16.3. DESENVOLVIMENTO ORGANIZACIONAL – DO

É a decorrência prática da abordagem comportamental, uma aplicação das ciências do comportamento humano nas organizações com o intuito de obter flexibilidade e mudanças. O DO reconhece que o meio ambiente é dinâmico e que as empresas têm a necessidade de estar em contínua adaptação a ele. Ocorre que as organizações só mudam, se as pessoas que a formam mudarem, daí as sérias críticas dos autores do DO contra o poder da administração, a divisão do trabalho, a unidade de comando e a especialização que, segundo eles, só servem para contribuir com a frustração e a alienação do trabalhador.

DO é portanto, um processo planejado de mudanças estruturais e culturais, que visa fundamentalmente capacitar a organização a diagnosticar, planejar e implementar as modificações necessárias pró-ativamente, de modo a garantir a perfeita integração organizacional com seu meio ambiente e melhorar a qualidade de vida de seus colaboradores.

Há várias técnicas, metodologias e modelos de DO que são aplicáveis literalmente a qualquer situação em que haja a necessidade de implementar mudanças: estratégia, clima, cultura, sistemas etc. O DO é um processo composto de levantamento de dados, diagnose e intervenção que viabiliza modificações estruturais na organização formal e comportamentais na informal.

O leitor encontrará farto material sobre modelos de DO para mudanças estruturais (métodos de produção, produtos organização), comportamentais (desenvolvimento de equipes, seminários de fortalecimento de times, feedback de dados, análise transacional, grupos de confrontação, tratamento de conflitos, laboratório de sensitividades e outros) e principalmente para mudanças estruturo-comportamentais (*grid* gerencial, modelo de Lawrence & Lorsch, modelo de eficácia gerencial, modelo de 8 etapas de Kotter e outros).

É preciso cuidado, no entanto, ao escolher uma dessas técnicas, pois mesmo o DO como um todo não garante a efetivação e a permanência das mudanças, salvo se houver um esforço permanente. Portanto, o DO não pode ser aplicado e depois deixado de lado como se o objetivo tivesse sido alcançado, pelo contrário, o esforço de mudança deve ser um estado organizacional constante.

16.4. OUTRAS TÉCNICAS

A seguir, relacionam-se, com breve descrição, as principais e mais empregadas técnicas administrativas à disposição do administrador.

a) Análise da Cadeia de Valor: subdivisão da empresa em suas atividades principais a fim de entender o comportamento dos custos e as fontes de diferenciação existentes e potenciais;

b) *Balanced Scorecard*: é a transformação da visão e da missão empresarial em um conjunto de objetivos e padrões de desempenho, facilmente compreensíveis, que podem ser quantificados e avaliados. Geralmente adota cinco categorias de desempenho: financeiro, valor para o cliente, processos, inovação e funcionários. Sua aplicação permite incorporar os objetivos estratégicos ao processo orçamentário e facilitar mudanças na organização;

c) *Benchmarking*: consiste em escolher um padrão, geralmente o desempenho da melhor empresa em determinado negócio, definir esse padrão como meta a ser alcançada e procurar atingir esse marco. Seu objetivo é descobrir desempenhos superiores e estudar os processos e os procedimentos que levaram a esse resultado, a fim de aplicá-los também;

d) *Brainstorming*: conhecida como tempestade cerebral, é basicamente uma reunião de criatividade, na qual todos os participantes têm ampla liberdade de expor suas idéias por mais esdrúxulas que possam parecer num primeiro momento;

e) Cinco S (5S): metodologia japonesa composta de procedimentos óbvios e simples para manter a ordem e a disciplina aumentando a produtividade e a satisfação com o trabalho. A implantação do programa segue cinco etapas: liberação de áreas (*Seiri*), organização (*Seiton*), limpeza (*Seiso*), padronização (*Seiketsu*) e autodisciplina (*Shitsuke*);

f) Círculos de Controle da Qualidade — CCQ: grupos de empregados voluntários que se reúnem semanalmente para discutir alternativas e resolver os problemas comuns que lhes afetam na realização do trabalho, visando, principalmente, melhorar a qualidade dos produtos;

g) *Downsizing*: redução de níveis, enxugamento, eliminação de hierarquia, é uma técnica que visa reduzir as operações empresariais apenas ao nível mínimo necessário, melhorando a comunicação, agilizando as decisões e incrementando a iniciativa das pessoas. Infelizmente tem sido muito confundida com o corte rápido e simples de pessoal para economizar na folha de pagamento;

h) Elaboração de Cenários: exploração de várias alternativas futuras para evitar os riscos de adotar um único ponto de vista;

i) Energização ou *Empowerment*: dar aos funcionários poder de decisão, liberdade para criar e autonomia para arriscar, visando aumentar o índice de inovação da empresa e incrementar a motivação e a lealdade dos colaboradores;

j) Equipes autodirigidas: grupo de colaboradores que fica responsável por todas as atividades relacionadas a um processo, com autoridade para planejá-lo, controlá-lo e aperfeiçoá-lo;

l) Equipes de Alto Desempenho: grupos com alto grau de participação dos componentes que buscam respostas rápidas e inovadoras para os desafios do ambiente e que permitam atender às demandas dos clientes;

m) Gerenciamento Baseado em Atividades: as decisões são tomadas com base em análises econômicas detalhadas de cada uma das atividades empresariais. Diferentemente da contabilidade clássica, estabelece correlações mais exatas entre custos indiretos e produtos ou serviços;

n) Gerenciamento da Qualidade Total: abordagem sistemática de eliminação de defeitos, falhas e erros que transforma todos os colaboradores em "inspetores de qualidade", envolvendo-os no processo produtivo, cujo foco principal é o atendimento das necessidades e expectativas dos clientes. É utilizada principalmente para aumentar a produtividade, reduzir refugos e retrabalhos, diminuir o tempo de lançamento de novos produtos, melhorar o atendimento e o relacionamento com o cliente e incrementar a vantagem competitiva;

o) *Groupware*: refere-se às pessoas de uma organização que conseguem trabalhar juntas utilizando-se da tecnologia da informação e das redes de computadores;

p) *Kaizen*: processo japonês de melhoria e aprimoramento gradual e contínuo. No limite significa que a cada dia algo é feito de maneira melhor;

q) Redução de Tempo de Ciclo: agilização das atividades que fazem parte da cadeia de valor, através de técnicas analíticas, com a diminuição dos tempos de espera, eliminação de atividades que não agregam valor e aceleração do processo decisório;

r) Remuneração por Desempenho: sistema de remuneração diretamente vinculado ao alcance de metas empresariais e objetivos organizacionais mensuráveis e controláveis;

s) Reengenharia: parte do princípio que é melhor reconstruir do que reformar. Geralmente as organizações demoram muito a responder às mudanças no ambiente e quando percebem que precisam adaptar-se, não há outra alternativa a não ser mudar abruptamente através da reengenharia, que é uma resposta radical às mudanças do ambiente com a criação de processos inteiramente novos;

t) Segmentação ABC: é uma divisão de mercados, itens, produtos, clientes ou qualquer outra variável de decisão em três grupos, com característica semelhantes, baseada na expressividade ou no peso do grupo para a decisão. Por exemplo, geralmente 20% dos clientes geram 80% da receita, logo, podemos classificar 5 clientes na classe A (65% da receita), 15 clientes na classe B (15% da receita) e os outros 80 clientes na classe C (10% da receita). Isto permite ao administrador focalizar esforços e energia no segmento que realmente agrega valor. O raciocínio é válido para qualquer outra variável: itens de estoque, embarques de carga, programas de incentivo etc.;

u) Terceirização: é a transferência da atividades secundárias da organização para uma outra que seja capaz de executá-las com custo menor, mais rapidamente e com melhor qualidade, mantendo-se com a organização terceirizadora apenas as atividades fins, ligadas à essência do seu negócio;

v) Unidades Estratégicas de Negócios — UENs: conjunto de atividades indivisíveis que interagem com o ambiente externo visando a melhora do desempenho da organização. Essas unidades são as responsáveis por uma área estratégica de negócios específica e têm independência para negociação e aproveitamento de oportunidades mercadológicas.

Essa é uma lista ainda muito reduzida do que há de técnicas disponíveis no mercado e a todo dia continuam surgindo novas. O administrador conta um ampla bibliografia para cada uma delas, de modo que precisando de maiores informações, facilmente localizará, em qualquer livraria, o título de seu interesse.

16.5. CONCLUSÕES

Se por um lado o ambiente de negócios do século XXI impõe grandes desafios, por outro abre enormes oportunidades que só serão aproveitadas na medida em que as empresas e sua administração estiverem preparadas para tal. A economia do conhecimento e a tecnologia da informação vêm aumentando sistematicamente a exigência por produtos e serviços cada vez melhores e as organizações têm que diminuir quase que diariamente o seu tempo de resposta às exigências do mundo globalizado.

O aprendizado organizacional, entendido como a capacidade de a empresa alterar e mudar seu comportamento em função de novos conhecimentos, modernas tecnologias, novas habilidades e outras competências incorporadas por seus membros, é talvez a única forma de enfrentar e superar essas turbulências características de um ambiente de negócios extremamente complexo e dinâmico.

A Administração pode e deve pesquisar para conhecer a organização como um sistema e identificar as forças internas e externas que provocam mudanças para planejar os processos de aprendizagem através dos quais ela venha a controlar essas forças e tendências, pois nas empresas que se dedicam seriamente à qualidade total, a administração trabalha com os operários na análise contínua e aperfeiçoamento do trabalho. Não se pode esperar que as pessoas aprendam, quando elas têm pouco tempo para pensar e refletir, individualmente e em grupo, de modo que a maneira como a empresa distribui o tempo diz muito sobre o seu empenho em aprender.

As organizações modernas não podem sustentar o seu desenvolvimento se este não abranger todos os aspectos da vida, assim como não podem promover um objetivo comum sem estimular objetivos pessoais, que são sempre multifacetados — incluem vida pessoal, profissional, organizacional e familiar. Na nova gestão, os paradigmas são quebrados e os limites entre o que é pessoal e o que é organizacional são intencionalmente indefinidos, pois as organizações sempre podem ajudar o indivíduo a encontrar o equilíbrio entre trabalho e família.

Esse contexto atual e o cenário que se permite vislumbrar, pelo menos para as próximas décadas, exige que o administrador incorpore pelo menos mais sete competências básicas:

a) Arquiteto de novas configurações organizacionais capazes de agregar sempre mais valor, suplantando antigos paradigmas, concorrências e disputas, a favor de um objetivo maior;

b) Construtor de sistemas e processos de aprendizagem mediante os quais as pessoas possam enfrentar de maneira produtiva os problemas da organização, bem como desenvolver seus conhecimentos, competências e habilidades;

c) Descobridor de talentos, pois sabe que não se consegue nada sozinho e que o potencial humano é o maior recurso organizacional;

d) Energizador capaz de promover mudanças que ajudem as pessoas a aprender mais, fornecendo-lhes a motivação, a confiança e a fé necessárias para atingir o sucesso;

e) Estrategista capaz de visualizar o futuro, definir uma missão e manter-se no rumo correto, sendo inflexível na direção, mas completamente flexível nas táticas e no comando;

f) Mentor que ajuda os colegas da organização a enxergarem a realidade como fonte inesgotável de idéias, criatividade e inovação ao invés de uma barreira limitadora, transmitindo a todos a certeza de que, juntos, podem aprender tudo que for necessário para conseguir resultados cada vez melhores;

g) Pesquisador incansável de conhecimento, uma vez que tem a consciência de que a cada nova etapa alcançada, surgem outras em proporção geométrica, ou seja, que é preciso sempre estar numa procura insaciável pelo saber.

Por fim, resta começar a praticar a essência do que foi visto até aqui e introduzir em sua organização as teorias administrativas e respectivas práticas de avaliação e melhoria organizacionais, utilizando ferramentas que agora já estão em suas mãos.

Considerações Finais

Nova economia, era digital, sociedade da informação, eurocapitalismo, capital intelectual, são apenas alguns dos novos desafios com os quais o administrador está tendo de lidar rotineiramente nas organizações. Nesse contexto, o sucesso empresarial, diferentemente de apenas alguns anos atrás, requer uma gerência altamente especializada e, paradoxalmente, bastante generalista, com grande capacidade de coletar e processar informação, transformando-a em utilidade para a organização.

A nova organização do século XXI é transnacional, ou seja, para ela não há fronteiras, ao contrário das velhas conhecidas multinacionais, elas integram em profundidade ativos, recursos e pessoas em uma rede de unidades globais, sem considerar qualquer limite que não seja o mercado. O Administrador dessa organização é um gerente de processos flexíveis, balanceados pela perspectiva estratégica, pelas necessidades do cliente e pelos rumos do mercado. Só assim a organização poderá garantir sua sobrevivência e desenvolvimento.

A tarefa, naturalmente, não é fácil, no entanto, não é preciso começar do zero, pois há mais de cem anos que vários estudiosos vêm pesquisando e disponibilizando importantes contribuições no campo da administração e da gerência, como foi demonstrado nesse livro. Muito com certeza, você encontrará, se não a resposta pronta, pelo menos uma boa indicação de por onde começar.

Não importa quanto tempo se tenha de experiência em administração, a verdade é que sempre faltará alguma coisa, uma técnica, uma perspectiva, uma outra forma de visualizar um problema. Mas quando se tem o domínio da teoria, fica mais fácil chegar a um porto seguro, ou no mínimo dar os primeiros passos na direção correta.

Estudos recentes têm demonstrado que grandes decisões têm muito de intuição e sorte, aliás, Napoleão, contam, só promovia seus generais se além de todas as qualidades de um grande guerreiro eles também tivessem a sorte como uma aliada reconhecidamente constante ao lado. A teoria, a lógica e a ciência não dispensam o fator humano para a tomada de decisão. De fato, o Ser Humano continua a ser o maior recurso da empresa, um verdadeiro fator surpresa, como bem mostra o exemplo de Kasparov nas disputas de xadrez que travou com o computador Deep Blue, quando venceu mais vezes, mesmo pensando apenas 2 movimentos por segundo, enquanto que a máquina calculava 200 milhões de movimentos por segundo.

Portanto, não há limites para a organização nem para o administrador, nada está definido por antecipação. Por mais difícil que seja a situação, a única certeza que se pode ter é que a mudança é constante e está cada vez mais rápida: no final do primeiro milênio, o conhecimento dobrava a cada 200 anos, no início da Revolução Industrial, a cada 30 anos e hoje, calcula-se, a cada 5 anos. Por isso, você pode mudar e pode mudar para melhor, bastar utilizar-se dos instrumentos certos e ter um pouco de sorte.

Esperamos por fim, ter trazido a base teórica suficiente para o desenvolvimento de novas soluções. As idéias, *insights*, ferramentas gerenciais e técnicas apresentadas, estão longe de uma perspectiva prescritiva e normativa clássica, pois foram apresentadas apenas para nortear suas ações nesse mar turbulento que é a Administração moderna, esteja livre para ser o administrador que sua organização precisa.

Bibliografia

ABBEL, D. F. *Definição do negócio: ponto de partida do planejamento estratégico*. São Paulo: Atlas, 1991.

ACKOFF, R. L. *Gerência em pequenas doses*. Rio de Janeiro: Campus, 1996.

ADIZES, I. *Os ciclos de vida das organizações: como e porque as empresas crescem e morrem e o que fazer a respeito*. São Paulo: Pioneira, 1990.

ALBRECHT, K. *Agregando valor à negociação*. São Paulo: Makon Books, 1995.

ALVAREZ, M. S. B. *Terceirização: parceria e qualidade*. Rio de Janeiro: Campus, 1996.

AKTOUF, O. *Administração entre a tradição e a renovação*. São Paulo: Atlas, 1996.

ANSOFF, H. I. *A nova estratégia empresarial*. São Paulo: Atlas, 1991.

ANSOFF, H. I., McDONNELL, E. J. *Implantando a administração estratégica*: São Paulo: Atlas, 1996.

ARGYRIS, C. *A integração do indivíduo na organização*. São Paulo: Atlas, 1975.

_____. *Enfrentando defesas empresariais: facilitando o aprendizado organizacional*. Rio de Janeiro: Campus, 1996.

ARMSTRONG, D. *A gerência através de histórias*. Rio de Janeiro: Campus, 1996.

BARNARD, C. *As funções do executivo*. São Paulo: Atlas, 1971.

BATY, G. B. *Pequenas e médias empresas dos anos 90*. São Paulo: Makron, 1994.

BELASCO, J. A. *Ensinando o elefante a dançar: como estimular mudanças na sua empresa*. Rio de Janeiro: Campus, 1994.

BELASCO, J. A. et al. *O vôo do búfalo: decolando para a excelência, aprendendo a deixar os empregados assumirem a direção.* Rio de Janeiro: Campus, 1996.

BENNIS, W. *A invenção de uma vida: reflexões sobre liderança e mudança.* Rio de Janeiro: Campus, 1996.

BERNARDES, C. *Teoria geral das organizações.* São Paulo: Atlas, 1993.

BERTALANFFY, L. V. *Teoria geral dos sistemas.* Petrópolis: Vozes, 1976.

BLAU, P. M., SCOTT, W. R. *Organizações formais: uma abordagem comparativa.* São Paulo: Atlas, 1977.

LOCK, P. *Gerentes poderosos.* São Paulo: Makron, 1991.

BOTELHO, E. *Administração inteligente: a revolução administrativa.* São Paulo: Atlas, 1996.

BRADFORD, D. L. *Excelência empresarial: como levar as organizações a um alto padrão de desempenho.* São Paulo: Makron, 1985.

BRIDGES, W. *Mudanças nas relações de trabalho.* São Paulo: Makron, 1995.

_____. *Um mundo sem empregos.* São Paulo: Makron, 1995.

BROWN, M. T. *Ética nos negócios.* São Paulo: Makron, 1993.

BRUNO, L., SACCARDO, C. (coord.). *Organização, trabalho e tecnologia.* São Paulo: Atlas, 1986.

BURNS, T. & STALKER, G. M. *The management of innovation.* Londres: Tavistock Publishing, 1961.

CASTANHEDO, C. *Administração e gerência: do artesanato a automação.* São Paulo: Atlas, 1990.

CAPRA, F. *Ponto de mutação.* São Paulo: Cultrix, 1991.

CERTO, S. C., PETER, J. P. *Administração estratégica.* São Paulo: Makron, 1993.

CHAMPION, D. J. *A sociologia das organizações.* São Paulo: Saraiva, 1985.

CHAMPY, et al. *Avanço rápido: as melhores idéias sobre o gerenciamento de mudanças nos negócios.* Rio de Janeiro: Campus, 1996.

CHANDLER, A. D. Jr. *Strategy and structure. Chapters in the history of the american industrial enterprise.* Cambridge: MIT Press, 1976.

CHANLAT, J.F. *O indivíduo e a organização: dimensões esquecidas.* São Paulo: Atlas, 1992.

CHIAVENATO, I. *Vamos abrir um negócio.* São Paulo: Makron, 1995.

_____. *Teoria geral da administração.* São Paulo: McGraw-Hill, 1987.

_____. *Administração de empresas: uma abordagem contingencial.* São Paulo: McGraw-Hill, 1987.

_____. *Administração: teoria, processo e prática.* São Paulo: Atlas, 1985.

_____. *Introdução à teoria geral da administração.* São Paulo: Campus, 2000.

_____. *Manual de reengenharia.* São Paulo: Makron, 1995.

CLUTTERBUCK, D. *Grandes administradores homens e mulheres que mudaram o mundo dos negócios*. Rio de Janeiro: Zahar, 1993.
CONSELHO FEDERAL DE ADMINISTRAÇÃO. http://www.admnet.org.br
COVEY, S.T. *Liderança baseada em princípios*. Rio de Janeiro: Campus, 1996.
COVEY, S. T. et al. *First things first: como definir prioridades num mundo sem tempo*. Rio de Janeiro: Campus, 1996.
DANIELS, J. *Visão global*. São Paulo: Makron, 1995.
DAVENPORT, T.H. *Reengenharia de processos*. Rio de Janeiro: Campus, 1994.
DAVIDOW, W. *Serviço total ao cliente: a arma decisiva*. Rio de Janeiro: Makron, 1992.
DAVIS, S. M. *Management 2000: administrando a sua empresa hoje para vencer amanhã*. Rio de Janeiro: Campus, 1996.
DENTON, D. K. *Organização horizontal*. São Paulo: IMAN, 1995.
DOMAIRE, D. *Gestão ambiental na empresa*. São Paulo: Atlas, 1995.
DRUCKER, P. F. *As fronteiras da administração: onde as decisões do amanhã estão sendo determinadas hoje*. São Paulo: Pioneira, 1988.
_____. *A nova era da administração*. São Paulo: Pioneira, 1989.
_____. *Administração em tempos turbulentos*. São Paulo: Pioneira, 1980.
_____. *A prática da administração de empresas*. São Paulo: Pioneira, 1981.
_____. *Administrando para o futuro*. São Paulo: Pioneira, 1992.
_____. *50 casos reais de administração*. São Paulo: Pioneira, 1983.
_____. *Fator humano e desempenho*. São Paulo: Pioneira, 1981.
_____. *Inovação e espírito empreendedor (entrepreneurship): prática e princípios*. São Paulo: Pioneira, 1985.
_____. *Introdução à administração*. São Paulo: Pioneira, 1984.
_____. *Reminiscências: de Viena ao novo mundo*. São Paulo: Pioneira, 1982.
_____. *Administração de organizações*. São Paulo: Pioneira, 1994.
_____. *Sociedade pós-capitalista*. São Paulo: Pioneira, 1993.
_____. *Administrando em tempos de grandes mudanças*. São Paulo: Pioneira, 1995.
ECCLES, R. G. , NOHRIA, N. *Assumindo a responsabilidade: redescobrindo a essência da administração*. Rio de Janeiro: Campus, 1994.
ETZIONI, A. *Análise comparativa das organizações*. São Paulo: Atlas, 1974.
_____. *Organizações modernas*. São Paulo: Pioneira, 1978.
FARIA, José Carlos. *Administração: introdução ao estudo*. São Paulo: Pioneira, 1999.
FAYOL, H. *Administração industrial e geral: previsão, organização, comando, coordenação e controle*. São Paulo: Atlas, 1996.

FERREIRA, A. A. et al. *Gestão empresarial: de taylor aos nossos dias.* São Paulo: Pioneira, 1999.

FIEDLER, F. E, CHEMERS, M. M. *Liderança & administração eficaz.* São Paulo: Pioneira, 1981.

FISCHMANN, A. ALMEIDA, M. I. R. de. *Planejamento estratégico na prática.* São Paulo: Atlas, 1991.

FLEURY, M. T. L. et alli. *Cultura e poder nas organizações.* São Paulo: Atlas, 1989.

FUNDAÇÃO GETÚLIO VARGAS. *http://www.fgvsp.br*

GAJ, L. *Administração estratégica.* São Paulo: Ática, 1987.

GALBRAITH, J. K. *Organizando para competir no futuro.* São Paulo: Makron, 1995.

GOUILLART, F. J. *Transformando a organização.* São Paulo: Makron, 1995.

GERTZ & BAPTISTA. *Crescer para lucrar sempre.* Rio de Janeiro: Campus, 1998.

GEUS, A. *A empresa viva.* Rio de Janeiro: Campus, 1998.

GRANDE ENCICLOPÉDIA LAROUSSE CULTURAL. São Paulo: Larousse, 1995; São Paulo, Nova Cultural, 1998.

HAMPTON, D. R. *Administração: processos administrativos.* São Paulo: Makron, 1990.

HANDY, C. *A era do paradoxo.* São Paulo: Makron, 1995.

_____. *Deuses da administração: como enfrentar as constantes mudanças da cultura empresa.* Rio de Janeiro: Saraiva, 1994.

HARRINGTON, J. H. *Aperfeiçoando processos empresariais.* São Paulo: Makron, 1993.

HSM MANAGEMENT. São Paulo: Editora Savana, nº 10 — 19, setembro/outubro/98 — março/abril/2000.

JAY, A. *Maquiavel e a gerência de empresas.* Rio de Janeiro: Zahar, 1968.

KANTER, R. M. *Classe mundial: uma agenda para gerenciar os desafios globais em benefício das empresas e das comunidades.* Rio de Janeiro: Campus, 1996.

KARLOF, B. *Conceitos básicos de administração.* São Paulo: Nobel, 1994.

KATZ, D., KAHN, R. *Psicologia social das organizações.* São Paulo: Atlas, 1978.

KAY, J. *Fundamentos do sucesso empresarial: como as estratégias de negócios agregam valor.* Rio de Janeiro: Campus, 1996.

KWASNICKA, E. L. *Teoria geral da administração: uma síntese.* São Paulo: Atlas, 1987.

_____. *Introdução à administração.* São Paulo: Atlas, 1980.

KOONTZ, H., O'DONNELL, C. *Fundamentos da administração.* São Paulo: Pioneira, 1989.

KOONTZ, H., O'DONNELL, C., WEIHRICH, H. *Administração: fundamentos da teoria e da ciência.* São Paulo: Pioneira, 1986.

KOONTZ, H., O'DONNELL, C. *Manual de estudo e exercícios para acompanhar princípios de administração*. São Paulo: Pioneira, 1980.

KOTTER, J., H., J. *A cultura corporativa e o desempenho empresarial*. São Paulo: Makron, 1994.

_____. *Liderando a mudança*. Rio de Janeiro: Campus, 1997.

LAWRENCE, P. R., LORSCH, J.W. *As empresas e o ambiente: diferenciação e integração administrativa*. Petrópolis: Vozes, 1973.

LEVY, A. R. *Competitividade organizacional: decisões empresariais para uma nova ordem econômica e mundial*. São Paulo: Makron, 1992.

LEWIS, J. D. *Alianças estratégicas*. São Paulo: Pioneira, 1992.

LIKERT, R. *A organização humana*. São Paulo: Atlas, 1975.

LODI, J. B. *História da administração*. São Paulo: Pioneira, 1974.

LORANGE, P., ROOS, J. *Alianças estratégicas: Formação, implementação e evolução*. São Paulo: Atlas, 1997.

LORSCH, J. & MORSE, J.J. *Organization and their members: a contingency approach*. Nova York: Harper and Row Publ, 1974.

MANGANELLI, R.L., KLEIN, M.M. *Manual de reengenharia: um guia, passo a passo, para a transformação da sua empresa*. Rio de Janeiro: Campus, 1995.

MASI, Domenico. *A sociedade pós-industrial*. São Paulo: Editora Senac, 1999.

_____. *O futuro do trabalho*. Rio de Janeiro: José Olympio, 1999.

MATTOS, A. M. *Organização: uma visão global: introdução, ciência, arte*. São Paulo: Makron, 1995.

MAUCHER, H. *Liderança em ação*. São Paulo: Makron, 1995.

MAXIMIANO, A. C. A. *Introdução à administração*. São Paulo: Atlas, 1991.

_____. *Teoria geral da administração*. São Paulo: Atlas, 1997.

McGILL, M. E., SLOCUM JUNIOR, J. W. *A empresa mais inteligente: como construir uma empresa que aprende e se adapta às necessidades do mercado*. Rio de Janeiro: Campus, 1996.

McGREGOR, D. *Motivação e liderança*. São Paulo: Brasiliense, 1973.

McKENNA, Regis. *Estratégias de Marketing em tempos de crise*. Rio de Janeiro: Campus, 1989.

McKENNA, Regis. *Marketing de relacionamento*. Rio de Janeiro: Campus, 1992.

McNEILLY, M. *Sun tzu e a arte dos negócios*. Rio de Janeiro: Campus, 1998.

MEGGINSON, L. C. *Administração: conceitos e aplicações*. São Paulo: Harbra, 1986.

MENDONÇA, L. C. de. *Participação na organização: uma introdução aos seus fundamentos*. São Paulo: Atlas, 1987.

MICHAELIS. *Dicionário executivo: administração, economia e marketing*. São Paulo: Melhoramentos, 1989.

MILLS, D. Q. *Empowerment: um imperativo — 6 passos para se estabelecer uma organização de alto desempenho.* Rio de Janeiro: Campus, 1996.

MINTZBERG, H. *Criando organizações eficazes: estrutura em cinco configurações.* São Paulo: Atlas, 1996.

MORGAN, G. *Imagens da Organização.* São Paulo: Atlas, 1995.

MOTTA, F. C. P. *Teoria geral da administração: uma introdução.* São Paulo: Pioneira, 1976.

MOTTA, F. C. P., PEREIRA, L. B. *Introdução à organização burocrática.* São Paulo: Brasiliense, 1991.

MOTTA, F. C. P. *Organização e poder.* São Paulo: Atlas, 1990.

_____. *Teoria das organizações.* São Paulo: Pioneira, 1986.

_____. *Teoria geral da administração: uma introdução.* São Paulo: Pioneira, 1980.

NADLER, D. A., GESTEIN, M. S., SHAW, R. B. et al. *Arquitetura organizacional: a chave para a mudança empresarial.* Rio de Janeiro: Campus, 1993.

NAISBITT, J., ABURDENE, P. *Megatrends 2000.* São Paulo: Amana Key, 1990.

NAISBITT, J. *Paradoxo global: quanto maior a economia mundial mais poderosos são os seus protagonistas menores: nações, empresas e indivíduos.* Rio de Janeiro: Campus, 1993.

NORMANN, R. *Administração de serviços: estratégia e liderança na empresa de serviços.* São Paulo: Atlas, 1996.

ODIORNE, G. S. Administração por objetivos. Rio de Janeiro: Livros Técnicos e Científicos Ltda., 1976.

OHMAE, K. *O estrategista em ação: a arte japonesa de negociar.* São Paulo: Pioneira, 1985.

_____. *O fim do estado nação.* Rio de Janeiro: Campus, 1996.

OLIVEIRA, D. P. R. de. *Excelência na administração estratégica: a competitividade para administrar o futuro das empresas.* São Paulo: Atlas, 1993.

OS PENSADORES. São Paulo, Nova Cultural, 1999.

OUCHI, W.G. *Teoria Z: como as empresas podem enfrentar o desafio japonês.* São Paulo: Fundo Educativo Brasileiro, 1982.

PACKARD, D. *The HP way: como Bill Hewlett e eu construímos nossa empresa.* Rio de Janeiro: Campus, 1996.

PARK, KIL H. *Introdução ao estudo da administração.* São Paulo: Pioneira, 1997.

PEREIRA JÚNIOR, P. J. C. et al. *A empresa enxuta.* Rio de Janeiro: Campus, 1996.

PETERS, T. J., WATERMAN JR., R. H.. *Vencendo a crise: como o bom senso empresarial pode superá-la.* São Paulo: Harbra, 1986.

PETERS, T. *Prosperando no caos.* São Paulo: Harbra, 1989.

PETROZZO, D. *Reengenharia na prática*. São Paulo: Makron, 1995.

PINCHOT, G., PINCHOT, E. *O poder das pessoas: como usar a inteligência de todos dentro da empresa para conquista do mercado*. Rio de Janeiro: Campus, 1996.

PORTER, M. E. *A vantagem competitiva das nações*. Rio de Janeiro: Campus, 1993.

_____. *Estratégia competitiva: técnicas para análise de indústrias e da concorrência*. São Paulo: Fundação Getúlio Vargas, 1986.

PRUSAK & DAVENPORT. *Conhecimento empresarial*. Rio de Janeiro: Campus, 1998.

RAGO, L. M. *O que é taylorismo*. São Paulo: Brasiliense, 1994.

REDDIN, W.J. *Eficácia gerencial*. São Paulo: Atlas, 1989.

ROBBINS, S. P. *O processo administrativo: integrando teoria e prática*. São Paulo: Atlas, 1978.

SAVIANI, J. R. *Repensando as pequenas e médias empresas*. São Paulo: Makron, 1994.

SCHEIN, E. *Consultoria de procedimentos: seu papel no desenvolvimento organizacional*. São Paulo: Edgar Blucher, 1972.

SCHONBERGER, R. *Técnicas industriais japonesas: noções e lições ocultas sobre a simplicidade*. São Paulo: Pioneira, 1984.

SENGE, P. *A quinta disciplina: arte, teoria e prática da organização de aprendizagem*. São Paulo: Best Seller, 1994.

SILVA, A. T. da. *Administração e controle*. São Paulo: Atlas, 1996.

SLATER, R. *Liderança de alto impacto*. Rio de Janeiro: Campus, 1996.

STEWART, T. A. A. *Intellectual capital*. New York; Doubleday/Currency, 1997.

STONER, J. A. F. *Administração*. Rio de Janeiro: Prentice-Hall do Brasil, 1995.

TAPSCOTT, D. *Mudança de paradigma*. São Paulo: Makron, 1995.

TAYLOR, F. W. *Princípios de administração científica*. São Paulo: Atlas, 1970.

TEIXEIRA, A. *Reengenharia no governo*. São Paulo: Makron, 1995.

THOMPSON, J. D. *Dinâmica organizacional: fundamentos sociológicos da teoria administrativa*. São Paulo: McGraw-Hill, 1976.

TOFFLER, A. *As mudanças das bases de poder*. São Paulo: Best Seller, 1992.

_____. *A empresa flexível*. Rio de Janeiro: Record, 1985.

TORRES, N. A. *Competitividade empresarial com a tecnologia da informação*. São Paulo: Makron, 1995.

TOMASKO, R. *Crescer, não destruir*. Rio de Janeiro: Campus, 1997.

TZU, S. *A arte da guerra*. São Paulo: Pioneira, 1989.

UNIVERSIDADE DE SÃO PAULO. *http://usp.br*

VASCONCELLOS, E., HEMSLEY, J. R. *Estrutura das organizações: estruturas tradicionais, estruturas para inovação, estrutura matricial.* São Paulo: Pioneira, 1989.

WHITELEY, R. *A empresa totalmente voltada para o cliente.* Rio de Janeiro: Campus, 1992.

WIENER, N. *Cibernética e sociedade: o uso humano de seres humanos.* São Paulo: Cultrix, 1973.

WOODWARD, J. *Organização industrial: teoria e prática.* São Paulo: Atlas, 1977.

WOMACK, J. P. et al. *A máquina que mudou o mundo.* Rio de Janeiro: Campus, 1996.